대한민국임시정부의 후원자
장제스

대한민국임시정부의
후원자

장제스

| 김영신 지음 |

글을 시작하며

 국권이 상실된 뒤 세계 곳곳에서 활동한 독립운동가들에게 거주국 조야의 인식과 태도는 매우 중요하게 작용할 수밖에 없었다. 역사적·지리적 요인으로 어떤 지역보다 먼저 한국독립운동이 활발히 전개되었던 중국에서는 특히 그러하였다. 초기 중국 내 한국독립운동에 대한 인식과 지원은 전통적 우호관계에서 출발한 민간 차원의 동정에서 시작되었다. 한국독립운동의 최고영도중심인 대한민국임시정부가 성립되면서 이러한 중국 조야의 인식에 변화가 있었지만, 당시 중국의 정치적 분열, 임정 외교상의 한계로 한국독립운동에 대한 전폭적 지원은 어려웠다. 이후로도 중국의 지원은 오랫동안 개인 차원에 머물러 있었다.

 중국에서의 한국독립운동에 대한 실제적 지원이 본격적으로 이루어진 것은 장제스蔣介石의 대두와 밀접한 관련이 있다. 장제스는 임정이 존속하던 시기 대부분 중국의 실질적 영도자이자 최고정책결정권자였다. 따라서 1930년대 이후 한·중 관계에서는 장제스의 영향이 가장 강하게 작용하였다. 장제스 스스로도 한국과의 깊고 오랜 인연을 강조하였고, 동맹회 시기부터 그가 한국독립운동자들과 교유하였다는 주장도 있다.

다만 1930년대 이전까지는 한국독립운동가들과 개별적인 접촉이 거의 없었다. 또한 한국의 역사와 현상에 대한 이해가 깊지 않았기에 청년기와 북벌 시기 한국과 한국인에 대한 언급은 매우 피상적이고 제한적이었다.

북벌전쟁 이전과 '안내양외安內攘外' 정책 집행기, 항일전쟁기 등 시간과 환경의 변화에 따라 장제스의 한국문제에 대한 인식과 한국독립운동에 대한 관심·지원은 달리 표현되었다. 물론 기본적으로는 '중국의 이익'을 우선했다. 그렇지만 장제스가 중국 내 한국독립운동에 대해 가장 실제적이고 적극적인 지원을 아끼지 않았다는 사실은 부인할 수 없다. 1945년 11월 4일, 충칭重慶 중국국민당중앙당부에서 열린 임정 환송 다과회에 중국국민당 총재 자격으로 참석한 장제스는 "한국광복은 국민혁명의 역사에서 중요한 일이 아닐 수 없다. … 한국이 하루속히 독립을 이루기 바란다"는 축사를 하였다. 이 한마디를 통해 한국독립운동에 대한 장제스의 입장과 태도가 어떠하였는지 짐작해볼 수 있다.

분량 있고 치밀한 내용을 갖춘 장제스 일대기를 객관적인 입장에서 정리하고 싶은 욕심과 바람이 없지 않았다. 이를 위한 역량이 축적되기 전 밑그림을 그릴 수 있는 기회를 준 독립기념관 한국독립운동사연구소 관계자들에게 감사드린다. 책이 출간되기까지 애써주신 역사공간 구성원들에게도 감사의 말씀을 전한다.

2019년 11월

김영신

차례

글을 시작하며 4

- 출생과 소년기 교육 8
- 일본 유학과 동맹회 가입 13
- 탈영 후 신해혁명 참가 21
- 타오청장 암살과 망명 27
- 호법운동 참가 35
- 소련 고찰, 황푸군관학교 교장 취임 51
- 국민혁명군(북벌군) 총사령 62
- 첫 번째 하야와 복직 82
- 국민정부 주석 취임과 군사 권력의 공고화 94
- 내우외환의 격화와 두 번째 하야 104
- 일본의 침략에 맞서는 자세 114
- 상하이사변 이전 한국에 대한 인식 126

- 윤봉길의거 후 한국에 대한 인식의 변화 131
- 김구와의 회동과 소극적 한국독립운동 지원 139
- 한국독립운동 진영의 통일 촉성 146
- 한국광복군 성립 비준 158
- 카이로회담과 전후戰後 한국독립 보장 167
- 대한민국임시정부에 대한 재정 지원 175
- 미완성의 대한민국임시정부 승인 179
- 대한민국임시정부 환송과 주화대표단 설립 승인 189
- 해방기 한국 문제에 대한 관심 199
- 이승만과의 진해회담 206
- 한국전쟁에 대한 인식과 대응 223
- 말년까지 이어진 한국 문제에 대한 관심 233

장제스의 삶과 자취 247
참고문헌 255
찾아보기 261

출생과
소년기 교육

장중정蔣中正(1887~1975)의 자는 제스介石, 유명乳名은 루이위안瑞元, 보명譜名은 저우타이周泰, 학명學名은 즈칭志淸이다.

장제스는 청 광서 13년 9월 15일(1887년 10월 31일)에 조부가 경영하는 저장성浙江省 펑화현奉化縣 시커우진溪口鎭의 위타이염포玉泰鹽舖에서 출생하였다. 우링장씨武嶺蔣氏 28세손으로 조부는 장쓰첸蔣斯千, 아버지는 장자오충蔣肇聰, 어머니는 왕차이위王采玉이다. 동부同父의 이복형 저우캉周康은 13세였다.

태어난 다음해에 화재로 염포가 잿더미로 변하는 바람에 장제스의 집안은 상당한 재산을 손실하였다. 이 때문에 염포 가까이 있는, 후일 펑하오팡豐鎬房이라 불린 곳으로 이주하여 성장하였다.

장씨의 시조는 기원전 12세기 주 왕조의 기초를 공고히 하는 데 큰 공적을 세운 주공周公 단旦의 셋째 아들 보링伯齡이다. 보링이 장국蔣國의

제후에 봉해져 국호를 성으로 삼았다. 10세기 오대십국 후량後梁 대 장광蔣光이 우링으로 이주하여 우링장씨의 시조가 되었다.

장제스는 유년 시절부터 호기심이 많고 장난이 심하였다. 4세 때 섣달 그믐날 저녁, 목구멍의 어느 정도 깊이까지 들어가면 토하는지 시험해본다며 젓가락을 목구멍 깊숙이 넣어보았다. 그러다 그만 부주의로 젓가락을 삼켜버려 혼절하였다가 간신히 깨어났다. 5세 때 겨울에는 처마 밑에 놓인 큰 항아리에 얼어 있는 얼음을 꺼내려다 항아리에 빠져 한참 만에 구출되기도 하였다.

6세가 되던 해인 1892년, 장제스는 조부가 청한 스승을 모시고 가숙에서 공부를 시작하였다. 그는 여전히 호기심이 많고 노는 것을 좋아하여 공부에는 별 관심이 없었다. 동네 또래들을 모으고 스스로 대장이 되어 전쟁놀이를 즐겨하는 아이였다.

중일갑오전쟁이 발발한 1894년, 새 스승을 모시고 『대학大學』과 『중용中庸』을 공부하였다. 그해 10월 24일(양력 11월 21일) 조부가 81세를 일기로 세상을 떠났다. 그리고 이틀 뒤에 동생이 태어났는데 이름은 루이칭瑞青, 보명은 저우촨周傳으로 정해졌다.

1895년에는 다시 조부가 처음 모셨던 스승 아래에서 공부하며 『사자서四子書』와 『예기禮記』, 『천가시千家詩』를 읽었다. 그해 7월 5일(양력 8월 24일)에는 아버지가 54세를 일기로 유명을 달리하였다. 1898년 겨울까지는 사숙에서 『효경孝經』, 『삼재략三才略』, 『춘추春秋』, 『좌전左傳』, 『당시삼백수唐詩三百首』, 『시경詩經』 등을 읽었다.

아버지 사후 이복형 저우캉이 위타이염포를 상속받았으나 부실 경영

장제스가 태어난 곳

으로 어려움을 겪자 저우캉은 재산 분할을 요구하였다. 재산 때문에 전처 아들과의 분쟁이 격화되는 것을 꺼려한 장제스의 어머니는 이를 받아들여 삼 형제가 재산을 분할하였다. 재산 분할 후 그의 어머니는 친지들로부터 배척을 받아 많은 어려움을 겪었다.

2년 뒤, 동생 루이칭이 요절하자 이복형은 루이칭 명의의 재산까지 분할을 요구하였다. 장제스의 어머니가 이를 완강히 거절하여 쌍방은 소송 직전까지 갈 정도로 반목하게 되었다. 이 때문인지 그해 여름에 홍수로 장제스의 집이 물에 잠겼지만, 일가친척 어느 누구도 그의 가족에게 도움을 주지 않았다.

장제스는 13세가 되던 1899년에 처음으로 고향을 떠났다. 집에서 약 40km 이상 떨어진, 어머니의 출생지 성현嵊縣 거시葛溪로 가서 야오쭝위안姚宗元으로부터 『상서尙書』를 배웠다.

그해 어느 날, 뒷날 쉬시린徐錫麟 등과 사오싱紹興에 대통학당大通學堂을 세워 혁명을 선전하였던 혁명선진 주사오캉竺紹康이 야오쭝위안을 찾아왔다. 장제스는 그가 타고 온 말을 몰래 끌고 나가 장난을 치다 화난 말에게 등을 물려 피를 흘리며 쓰러졌다.

1901년 겨울, 다섯 살 연상의 마오푸메이毛福梅(1882~1939)와 혼인하였으나 결국은 1921년 이혼으로 끝을 맺었다. 장제스는 후일 기회가 있을 때마다 조혼이라는 구사회의 악습에 대한 비판을 서슴지 않았다.

1902년부터 2년간은 마오쓰청毛思誠을 모시고 『상서』, 『시경』, 『좌전』 등을 복습하는 한편 『강감역지록綱鑒易知錄』 등을 공부하였다. 마오는 1925년 4월 장제스의 요청으로 황푸군관학교黃埔軍官學校 비서처 비서 겸 교사편찬위원회 위원에 임명된 뒤부터 수년 동안 장제스의 주변에서 문서와 기요 업무를 담당하였다.

1902년 여름, 가장 초급의 과거인 동자시童子試에 응시했으나 불합격하였다. 장제스는 응시자들을 모욕적으로 대하는 시험장의 분위기와 엄한 규율에 큰 불만을 품었다. 이 무렵 위안스카이袁世凱(1859~1916)가 과거를 폐지하고 신식학교 설립을 주장하는 상주上奏를 올렸다는 소식을 듣고 크게 기뻐하였다.

그는 동자시 응시 차 현성縣城에 다녀온 뒤부터 외부의 사정에 큰 관심을 갖기 시작하였다. 무술변법戊戌變法 후 중국 전역에서는 개혁의 목소리가 날로 커져갔다. 청 정부는 통치를 계속 이어나가기 위해 하는 수 없이 신정新政을 실시하기 시작하였다. 새로운 조치 가운데 하나가 과거

제도를 폐지하고 신식학교를 설치하는 것이었다. 이 무렵 전국 각지에 신식학교 창설이 유행처럼 번져 평화현성에도 이미 서너 곳의 신식학당이 설립되었다. 장제스는 시대의 흐름에 발맞추기 위해 신식교육을 받을 필요성이 절실함을 깨닫고 있었다.

장제스는 모친을 설득하여 1903년 봄부터 평화현성에 있는 봉록학당鳳麓學堂에서 신식교육을 받기 시작하였다. 교과과정으로 영문, 산술과 서학西學 등이 개설되기는 했으나, 주요 체제와 수업 내용은 여전히 구학문의 비중이 높았다. 평화현성에 있는 봉록학당과 용진학당龍津學堂 두 곳에서 공부하는 동안 사귄 동창들과 친구들은 북벌시기에 시종비서 등으로 근무하며 지근거리에서 많은 도움을 주었다.

봉록학당에 재학 중이던 1904년 겨울, 명목은 신식학당임에도 전통적 윤리 본위의 도덕교육을 고수하는 것에 불만을 가지고 있던 일부 학생들이 교육방침 개혁을 요구하였다. 장제스는 학생 모임의 대표로 추대되어 학교 측과 교섭을 진행하였다. 이로 인해 학교 측의 미움을 사 제적될 위기에 처했으나, 전교생의 성원으로 제적을 면할 수 있었다. 그는 당시 걸핏하면 주변 사람들과 얼굴을 붉히며 논쟁을 벌여 홍검장군紅臉將軍이라는 별명을 얻었다.

1905년 닝보寧波에 있는 전금학당箭金學堂에 입학하여 구칭롄顧淸廉으로부터 제자백가와 성리학 및 부국강병사상 등 중요한 지식들을 습득하였다. 구칭롄은 유가의 경서 외에도 손자孫子의 병법을 깊이 공부하도록 권유하였다. 특히 새로운 문물을 배워 나라에 이바지하기 위해 해외 유학이 필요함을 역설하여 그에게 많은 영향을 주었다.

일본 유학과
동맹회 가입

1906년 1월 장제스는 일본어를 배우기 위해 다시 펑화현성에 있는 용진중학당에 전학하였다. 하지만 전학한 지 채 3개월이 되지 않아 일본 유학을 결심하였다. 가족과 친지들이 모두 반대하자 그는 출국 결심을 알리기 위해 스스로 변발辮髮을 잘라 고향집에 보냈다. 그의 어머니는 외아들이 멀리 떠나는 것을 원하지 않았지만, 아들의 뜻이 워낙 강하여 꺾을 수 없음을 알고 유학비용을 마련해 주었다.

약소국으로 여겼던 일본이 러일전쟁에서 승리한 것에 자극받았던 장제스는 군사학을 배우기 위해 1906년 4월 일본 유학길에 올랐다. 당시 일본과의 협약에 따라 군사학을 배우고자 하는 학생은 반드시 중국 육군부의 추천을 받아야 일본에 있는 군사학교에 진학할 수 있었다. 사비 유학생 자격으로는 군사학교에 진학할 수 없음을 알고 하는 수 없이 도쿄東京의 청화학교淸華學校에 들어가 한 학기 동안 일본어를 공부하였다.

통국육군속성학당 재학 시의
장제스(1907)

장제스를 혁명의 길로 이끈
천치메이

장제스가 일본에 머문 시간은 길지 않았지만, 그동안 큰 수확을 얻었다. 혁명당원인 천치메이陳其美(1878~1916)를 만나 우의를 다진 것이 바로 그것이다. 천치메이를 알게 되면서 장제스는 혁명운동에 투신하게 되었다. 그런 점에서 천치메이와의 만남은 그의 일생을 바꾼 중대한 전환점이라 할 수 있다.

장제스는 일본에 머무는 동안 일본인들의 정결한 생활습관과 질서정연함에 큰 감동을 받았다. 가로, 철도, 공공시설은 물론이려니와 경찰이나 군대도 매우 효율적으로 운용되고 있음을 알고 강한 인상을 받았다. 군사학교에 입학하기 위한 첫 번째 일본행은 뜻을 이루지 못한 채 1906년 말 귀국길에 올랐다. 여전히 일본 군사학교 진학의 뜻을 굽히지 않고 귀국 후 바오딩保定에 위치한 통국육군속성학당通國陸軍速成學堂에 지원하였다.

1907년 여름 장제스는 신설된 통국육군속성학당에 입학하였다. 이 학교의 교장 격에 해당하는 독판督辦은 후일 북양 군벌의 핵심인물로 널리 알려진 돤치루이段祺瑞였다. 중국 최초의 군관학교인 이 학당의 입학

경쟁은 매우 치열하였다. 더구나 입학하기 위해서는 각 성 독련공소督練公所의 선발시험에 먼저 합격해야만 하였다.

당시 저장성에 배정된 입학 정원은 40명이었다. 그러나 입학 정원의 대부분은 이미 저장성 무비학당武備學堂과 변목학당弁目學堂 학생들로 채워져서 남은 정원은 14명에 불과하였다. 저장성 내 1천여 명의 청년들이 항저우杭州에 모여 시험을 치른 결과 장제스는 14명에 포함되었다. 그가 육군속성학당에 입학한 것은 일본 유학을 위한 준비였다. 육군속성학당에 재학해야만 정부의 추천을 받아 일본으로 갈 기회가 생기기 때문이었다.

육군속성학당에 재학하던 어느 날, 일본군의軍醫 교관의 위생학 강의를 듣고 있었다. 교관은 교탁 위에 흙 한 줌을 올려놓고 "이 안에 4억 마리의 미생물이 들어 있다. 이 흙 한 줌은 중국에 비유할 수 있을 것이다. 4억 중국인은 이 안에 사는 미생물과 다를 바 없다"고 설명하였다. 이 말을 듣고 분개한 장제스는 앞으로 뛰쳐나가 흙을 8등분한 뒤 "5천 만 일본인도 8분의 1 흙 안에 있는 미생물과 다름이 없다"고 항변하였다. 일본인 교관은 이 일을 교무장校務長에게 보고하고 장제스에게 엄중한 처분을 내릴 것을 요구하였다. 하지만 교무장은 전후 사정을 확인한 뒤 장제스에게 한 차례 훈계를 하는 것으로 일을 마무리지었다.

1907년 겨울, 육군부의 주관하에 통국육군속성학당 재학생 가운데서 일본 유학생을 선발하는 시험이 치러졌다. 원래 선발대상은 일문반日文班 학생에 한정했으나 자술서를 올려 상부의 허락을 받은 장제스는 응시할 수 있었다. 그는 총 40명을 선발하는 시험에 통과하여 다음해 봄 유학길

일본 유학 시절의 장제스

에 올랐다. 관비유학생이었으므로 출국 비용은 육군부와 저장순무서巡撫署에서 절반씩 부담하였다.

1908년 봄, 장제스는 관비유학생 62명의 일원으로 도쿄에 도착하여 진무학교振武學校 11기 포병과에 편입되었다. 진무학교는 군사학을 배우고자 일본에 파견된 유학생들을 위해 청 정부가 1900년에 설립한 학교였다. 원래 이름은 성성학교成城學校였으나, 1903년에 진무학교로 이름을 바꾸고 1914년까지 운영되었다. 초창기에는 1년 3개월이었던 진무학교의 수업 연한은 장제스가 입학할 무렵 3년으로 늘어났다. 졸업생들은 일본 국내 각 연대에 배속되어 실습 기간을 거치도록 하였다.

진무학교는 청 정부 육군부에서 파견한 량비良弼와 일본 참모본부 소속 후쿠시마 야스마사福島安正 중장, 아오키 노부즈미靑木宣純 소장 등 3인으로 구성된 '청국유일학생위원회'에서 성립하는 형식으로 창설되었다. 학교는 위원장 1인과 위원 4인을 두고 위원제로 운영되었다. 이들은 모두 현역 군인들이었는데, 1908년 당시 위원장은 후쿠시마였다. 그 아래로 현역 육군대령 1인을 두고 학생감찰원 역할을 맡겼다. 이 같은 인사 내용으로 알 수 있듯이 진무학교는 일본 육군과 밀접한 관계가 있었다.

이 무렵 진무학교 교관의 상당수는 러일전쟁에 참전하였다가 돌아온 장교들이었다. 교육과정도 3년으로 바뀌면서 학교는 엄격한 규율제도를

진무학교 구지(현 도쿄여자의과대학)

확립해 갔다. 학생생활 규정도 엄격하여 전교생이 기숙사에서 생활하며 반드시 학감의 지휘와 감독을 따르도록 하였다.

장제스는 입학 초기에 배식량이 너무 적은 데다가 음식의 간이 맞지 않아 잘 적응하지 못하였다. 끼니마다 밥 한두 공기, 생선 한 조각, 소량의 양배추절임 혹은 단무지만으로는 도저히 배를 채울 수 없었던 것이다. 하지만 현실에 적응하려면 허리띠를 졸라매는 수밖에 없었다. 이때부터 소식小食이 습관이 된 장제스는 평생 영양과다로 인한 질병에는 걸리지 않았다.

장제스는 진무학교에 재학하면서 여러 친구들을 사귀었다. 그중에서도 통국육군속성학당 동창인 쓰촨四川 출신의 장췬張群은 평생 친구로 긴밀한 관계를 유지하였다. 이때 그는 동창생들과 함께 일주일에 한 번은 배불리 먹을 수 있는 기회를 마련하기도 하였다. 진무학교 학생들은 일요일에만 외출이 허용되었는데, 장제스와 장췬 등 몇몇은 일요일에만 사용이 가능한 조그마한 다다미방을 얻어 외출할 때마다 그곳에서 함께 시간을 보내고 식사도 같이 하였다. 당시에 일본인들은 돼지 내장을 먹지 않았는데, 장췬의 회고에 따르면 그들은 매번 외출 시마다 8각角을 주고 돼지 내장을 통째로 사와 배불리 먹곤 하였다고 한다. 당시 진무학교 학생들은 매달 청 정부로부터 10원元, 학교로부터 3원 등 합계 13원의 생활비를 지급받았다. 한 끼 아침식사가 보통 4각인 시절이었으니 학생 신분이었지만 비교적 여유로운 생활을 할 수 있었다.

진무학교의 교과과정은 보통학과 군사학 크게 두 분야로 나뉘어 있었다. 보통학 분야에는 일어, 역사, 지리, 수학, 물리, 화학, 박물, 도화 등의 과목이 개설되어 있었다. 그리고 군사학 분야에는 도수교련, 창검교련, 부대교련과 측량 및 전술 등의 과목이 개설되어 있었다. 진무학교는 예비장교 양성의 사전교육 단계로, 중등학생 수준의 소양을 갖추도록 하는 데 교육목표가 있었다. 따라서 교과과정의 중점은 군사교육에 있지는 않았다.

장제스는 두 번째 일본행에서 혁명 진영에 가담하는 결정적 계기를 맞았다. 전금학당 재학 시 이미 구칭롄으로부터 쑨원孫文이 창도한 중국혁명에 관한 이야기를 듣고 그것에 대해 알고 있었다. 첫 번째 일본 유학 시절에 인연을 맺은 천치메이는 이미 중국혁명동맹회中國革命同盟會(일반적으로 '동맹회'라 칭함)에 가입한 상태였다. 1905년 8월 20일 도쿄에서 쑨원을 총리總理로 동맹회가 조직되면서부터 그동안 독자적인 활동을 해오던 혁명단체들이 하나로 합쳐져 혁명역량이 집중되었다. 장제스는 진무학교 재학 중에 혁명의 길을 걷기로 결심하고 동맹회에 가입하고자 하였다.

하지만 장제스의 동맹회 가입 과정은 순탄치 않았다. 회원으로 가입하기 위해서는 맹주盟主의 허락을 받아야 하였다. 세 차례나 동맹회 가입의 뜻을 밝히는 편지를 맹주에게 보냈지만, 청 정부의 정탐偵探으로 의심되어 가입 허락을 받지 못하였다. 맹주는 천치메이를 통해 장제스의 됨됨이를 파악한 뒤에야 비로소 입회를 허용하여 1908년 동맹회에 가입할 수 있었다.

이 무렵 일본은 청 정부의 요청에 따라 중국 유학생들에 대한 감시를 더욱 강화하고 있었다. 청 정부에서 파견한 정탐들은 도쿄 곳곳에 퍼져 행적이 수상한 관비유학생을 강제로 귀국시키고 그 부모의 재산까지 몰수하였다. 그럼에도 장제스는 매주 일요일에 주어지는 외출 기회를 이용해 몰래 동지들과 만나 혁명 방도를 논하였다. 또 동지들과 함께 혁명을 선전하기 위해 『무학잡지武學雜誌』를 발행하였다.

당시 중국 서남 변경지역에서는 연달아 혁명당이 영도하는 기의起義가 발생하였다. 일본에서 유학을 하던 청년들 중에는 직접 기의에 참가하기 위해 귀국하는 경우도 있었고, 혹자는 기의에 필요한 경비를 제공하는 등 혁명사업에 열렬히 참가하는 경우도 있었다. 혁명당 동지들은 육군 교육을 받고 있는 장제스가 당장에 기의에 참가하는 것보다는 장래를 위해 더욱 교육에 힘쓰기를 바라는 입장에서 기의에 참가할 것을

장제스의 가족(왼쪽부터 마오푸메이, 어머니와 아들 장징궈, 장제스)

요구하지 않았다.

　장제스는 진무학교에 입학한 해부터 매번 여름방학이면 고향을 찾아 홀로 계신 어머니와 시간을 같이 보냈다. 그런 뒤에는 대부분의 시간을 상하이上海에 머물며 동지들과 혁명세력 확대방안을 모색하거나 투옥된 동지들을 구하기 위해 동분서주하였다. 이 와중에 1910년 3월 18일(양력 4월 27일) 아들 장징궈蔣經國가 출생하였다. 그는 홀어머니에게 손자를 안겨드릴 수 있게 되어 무척 기뻐하였다.

탈영 후
신해혁명 참가

1910년 11월 25일 장제스는 진무학교를 졸업하였다. 학과와 조행操行을 합산한 3년간의 평균 성적은 68점으로, 졸업생 62명 가운데 55등이었다. 그해 12월 니가타현新潟縣 다카다高田에 있는 육군 제13사단 야전포병 제19연대 제2대대 제5중대에 배속되어 실습을 시작하였다. 사단장은 나가오카 가이시長岡外史 중장, 연대장은 비마쓰 히로고飛松寬吾 대령이었다.

『다카다시사高田市史』의 기록에 따르면 장제스 등은 12월 4일 카키색 제복 차림으로 2등열차를 타고 다카다역에 도착하였다. 일행은 역 근처 여관에서 하룻밤을 보낸 뒤 다음날 배속부대로 흩어져 입영하였다. 12월 6일 자 『다카다신문高田新聞』은 「청국학생 입대」라는 표제로 관련 소식을 보도하였다. 이 신문 보도에 따르면 학생들은 12월 5일 오전 9시경 신체검사를 마친 뒤 3중대에 6명, 4중대와 5중대에 각 5명씩 배속되

일본 포병 연대 입영 시의 장제스

었으며, 당시 장제스의 신장은 169.4cm, 체중은 59.2kg이었다.

장제스는 이름만 사관후보생일 뿐 이등병 계급을 받아 사병과 다름없는 군영생활을 하였다. 생활은 극히 단조롭고 규율도 엄해 무미건조한 생활이 이어졌다. 전통에 따라 일본군대는 철저한 상명하복 체제였다. 계급이 낮은 병사는 상급자의 하인이나 다름없어 조금이라도 상급자의 마음에 들지 않으면 욕설과 폭행을 당하는 것이 일반적이었다. 그는 바로 이것이 일본군대의 약점이라고 지적하기도 하였다. 또 가장 하급지휘관이면서 직업군인인 분대장의 역할이 매우 중요하며, 일본군이 강한 까닭이 이들의 역할임을 깨달았다.

장제스는 일 년으로 예정된 실습기간 동안 주로 포砲를 이동할 때 사용하는 말馬을 간수하는 일을 하였다. 부대에 배치될 무렵은 한겨울로 접어들 때였는데, 홋카이도北海島에서 멀지 않은 다카다는 혹독한 추위로 유명한 곳이었다. 신병들은 매일 새벽 5시 이전에 기상하여 냉수로 세면을 한 뒤 각자 맡은 말들을 보살피는 것으로 일과를 시작하였다. 말굽부터 시작하여 다리와 등까지, 머리부터 꼬리까지 빠짐없이 볏짚으로 세게 문질러 관절을 풀고 혈맥을 통하게 하는 작업을 하였는데, 보통 한 시간이 걸렸다. 작업이 끝날 즈음이면 말은 물론이고 병사들도 몸이 달아올라 한겨울에도 온몸이 흠뻑 젖을 정도였다.

당시 일본군대의 급식은 매우 열악하였다. 사병들에게는 끼니마다 쌀밥 한 그릇이 배식되었는데, 그나마도 일주일에 서너 번은 보리밥이 제공되었다. 밥 위에는 단무지 서너 조각이 얹혀 있거나 간혹 절인 생선이 올라오기도 하였다. 일요일에만 두부 몇 조각 혹은 채소나 소량의 고기가 '특식'으로 배식되었다. 식사량에 상관없이 부대 내 사병들의 급식량은 모두 똑같았다.

장제스는 일본육군 이등병으로 일 년을 지내면서 내무생활에 깊은 인상을 받았다. 매일 저녁점호 시 흰 장갑을 낀 지휘관들이 내무반 곳곳을 문질러보고 조금이라도 먼지가 발견되면 점호 준비를 다시 하도록 지시하였다. 막사 주변에 놓인 재떨이도 반드시 물을 3분의 1에 맞추어 채워놓도록 하여 어긋남이 없게 하였다.

장제스는 후일 일본에서의 군영생활 경험을 통해 세 가지 결론에 도달하였다고 회고한 바 있다. 첫째는 국가의 명령에 복종하는 것이 군인의 천직이라는 것이고, 둘째는 군대 내에서의 정치훈련과 중심신앙이 중요하다는 것이며, 셋째는 군대도 직업학교와 같은 기능을 갖춰야 한다는 것이었다. 그는 일본 군영생활의 경험을 통해 몸에 익힌 근로, 검약, 냉수 세면의 생활습관을 스스로가 평생 지켜나갔고, 국민들에게도 일본인들의 이런 습관을 본받기를 권하였다.

한편 1911년 4월 27일 '황화강기의黃花崗起義'로 알려진 '광저우기의廣州起義'가 실패하여 72명의 열사가 순국하였다. 이 소식을 들은 장제스는 실습 중이던 부대에 핑계를 대고 귀국하였다. 상하이에서 천치메이를 만나 기의를 논의했으나 여의치 않자 9월에 일본으로 돌아가 부대에 복귀하였다.

10월 10일 우창武昌기의가 폭발하여 신해혁명辛亥革命의 서막이 올랐다. 사실상 우창기의는 승산이 상당히 의심스러운 상황에서 창졸간에 일으킨 거사였다. 그럼에도 우창기의 후 혁명정세가 비교적 안정적으로 진행될 수 있었는데, 이것은 외국의 간섭이 배제된 까닭 외에도 각 성省이 줄줄이 독립을 선포한 까닭에 청조가 혁명군에 효과적으로 대응할 수 없었기 때문이었다.

후베이湖北(10월 10일), 후난湖南(10월 22일), 산시陝西(10월 22일), 산시山西(10월 29일), 윈난雲南(10월 30일), 장시江西(10월 30일) 등 각 성에서 독립을 선언하자, 장쑤江蘇와 더불어 저장과 상하이도 11월 3일 동시에 독립을 선포하며 혁명대열에 동참하였다.

독립을 선포하기 전 상하이와 항저우 방면의 혁명지사들은 군사를 지휘할 인재가 부족하여 어려움을 겪고 있었다. 이에 천치메이는 일본에서 군사학을 공부하며 자신과 밀접한 관계에 있는 동맹회 회원들에게 전보를 보내 귀국을 요청하였다. 장제스는 전보를 받고 곧바로 사단장에게 귀국휴가를 신청했지만, 사단장은 육군성의 위탁관리를 받고 있는 중국 유학생들은 함부로 귀국할 수 없다며 거절하였다. 다행히 연대장이 48시간의 단기휴가를 허용하여 장제스는 도쿄로 향하였다. 도쿄의 동맹회 저장성 지부로부터 귀국여비를 수령한 뒤 귀국길에 올랐다. 48시간의 단기휴가 기간이 지나자 헌병의 검문을 피하기 위해 군복을 벗고 사복으로 갈아입었다. 군복과 패검은 소포로 연대에 우송하여 귀대하지 않을 결심을 표하였다.

    장제스는 나가사키長崎에서 장췬 등과 합류하여 상하이행 선박에 올라 귀국하였다. 장제스와 장췬은 진무학교 졸업 후 같은 사단, 같은 연대에 배속되었으므로 천치메이의 전보를 받고 동시에 48시간의 단기휴가를 얻어 도쿄까지 동행하였다. 하지만 두 사람은 각각 저장과 쓰촨으로 출신지가 달라 각 성의 동맹회 지부로부터 따로 여비를 수령하느라 헤어졌다가 나가사키에서 합류하였던 것이다. 당시 이들은 만약을 대비하여 독약까지 준비하였다. 48시간이 지나도 이들이 귀대하지 않자 일본 육군대신은 11월 8일 외무대신에게 '탈영'으로 처리했다는 공문을 발송하였다. 사흘 뒤 외무대신은 주일 청국공사에게 관련 사실을 담은 조회를 보냈다.

    이들은 10월 30일 상하이에 도착하여 천치메이를 찾아갔다. 상하이와 항저우에서 동시에 기의할 준비를 진행 중이던 천치메이는 곧장 항저우로 가서 현지의 동지들과 회합할 것을 지시하였다.

    10월 31일 항저우에 도착하여 군·경·학계의 혁명당원들과 작전계획을 수립하였다. 신군新軍 사병 가운데 혁명에 동조하는 자가 적지 않다는 정보를 입수하자 이들을 기의군의 주력으로 삼기로 결정하였다. 추푸청褚輔成에게 지휘부 건설을 담당하도록 하고, 거사일은 11월 3일에서 7일 사이로 정하였다.

    11월 2일 장제스는 작전계획서를 휴대하고 상하이로 돌아가 천치메이의 동의를 얻었다. 천치메이는 기의에 필요한 경비를 지원하는 한편 상하이를 중심으로 활동하던 비밀결사인 청방靑幇과 혁명당원 가운데

1백여 명의 결사대를 모집하여 선봉에 서도록 하였다. 장제스는 선봉결사대 지휘관에 임명되었다.

　상하이가 독립을 선언하여 천치메이가 도독都督으로 추대된 11월 3일, 장제스는 변장한 동지 수십 명과 함께 무기와 탄약을 휴대하고 항저우로 가서 결사대 조직 결성을 마무리하였다. 결사대는 15명을 1조로 하여 5조로 편성하였다. 결사대 참가를 원하는 사람은 많았으나 무기가 부족하여 1조당 권총 10자루만 분배되고, 나머지 5명은 폭탄을 휴대하였다.

　11월 4일 장제스는 총동원령을 하달하였다. 출발에 앞서 혁명종지를 설명하고 행동원칙을 주지시켰다. 당일 저녁 선봉결사대는 두 무리로 나뉘어 한 무리는 군계국軍械局을, 다른 한 무리는 순무아문을 공격하였다. 순조롭게 순무아문공서와 군계국 등을 점령한 혁명군은 11월 5일 군정부를 성립하여 항저우 광복을 선포하였다.

　항저우 광복 후 군직軍職에서 물러난 장제스는 상하이로 귀환하여 혁명군 조직 강화와 치안 유지에 힘썼다. 마침 상하이상단上海商團에서 4만 원을 찬조하자 천치메이는 이 돈을 경비 삼아 제5단團을 조직하고 장제스를 단장에 임명하였다. 이 부대는 신해혁명시기에 혁명군이 모집하여 조직한 첫 번째 무장대오였다. 중화민국 성립 후 이 부대는 정규군에 편입되어 육군 보병 제93단의 번호를 받았다.

타오청장 암살과
망명

쑨원은 1894년 11월 24일 하와이에서 '구제달로驅除韃虜, 회복중화恢復中華, 창립합중정부創立合衆政府'를 강령으로 내걸고 근대중국 최초의 혁명단체인 흥중회興中會를 조직하였다. 그 이후 수년 사이에 중국 내외에서 혁명사조가 팽배하면서 자연스럽게 혁명단체들이 생겨났다. 당시에 중국 국내에서 조직된 대표적인 혁명단체는 화흥회華興會와 광복회光復會였다.

화흥회는 후난성湖南省 출신이 중심이 되어 1903년 11월 창사長沙에서 결성된 단체로 황싱黃興과 쑹자오런宋敎仁이 핵심인물이었다. 광복회는 저장성 출신의 혁명지사들이 주축이 되어 1904년 가을 상하이에서 성립된 단체였다. 회장에 차이위안페이蔡元培가 추대되었으며, 저장 출신인 쉬시린, 장빙린章炳麟, 치우진秋瑾, 타오청장陶成章 등이 중심 역할을 하였다.

1905년 8월 20일 중국혁명단체의 통일조직인 동맹회가 성립되었다. 당시 화흥회는 회원들이 각자의 의지에 따라 동맹회에 가입하도록 결정하여 사실상 이후 별도의 조직을 유지하지 않았다. 반면 대부분의 광복회 회원들은 동맹회에 가입하지 않고 여전히 독자적인 활동을 하였다. 상하이에 있던 광복회 본부는 1906년 사오싱紹興으로 이전하였다. 광복회는 1907년에 동맹회와 아무런 연계도 없이 안칭安慶과 사오싱에서 거사를 일으켰다. 그러나 두 차례 거사가 실패한 뒤 중국 국내에는 더 이상 광복회 본부가 존재하지 않았다.

안칭거사가 실패한 후 쉬시린과 치우진이 연달아 순난殉難하였다. 이때 지명수배된 타오청장은 일본을 거쳐 1908년 남양南洋으로 향하였다. 1910년 도쿄에 광복회 본부가 재건되어 장빙린이 회장, 타오청장이 부회장에 추대되었다. 당시 여전히 남양에서 활동하던 타오는 1911년 상하이로 갔다. 타오는 황화강기의가 실패한 뒤 다시 남양으로 돌아갔다. 우창기의 폭발 후 귀국하여 광복회 회원들을 규합하여 항저우와 난징 광복운동을 전개했고, 저장 광복 후에는 임시참의회 의장에 추대되었다.

일본에 머무는 동안 사소한 경제 문제로 쑨원과 반목했던 타오는 중화민국 창립 후에도 쑨원과의 관계를 회복하지 못하고 독자적인 행동에 나섰다. 특히 천치메이가 상하이도독을 맡은 것을 못마땅하게 여기며 그 자리를 노렸다. 혁명을 방해하는 화근을 제거하는 차원에서 장제스는 1912년 1월 14일 새벽 2시경 타오가 입원하고 있던 광자의원廣慈醫院에 잠입해 타오를 총살하였다. 타오 암살사건을 빌미로 반대당이 천치메이를 공격하자, 장제스는 4월 제5단 단장직을 사임하고 일본으로 망명하였다. 일본에 체류하는 동안 독일 유학을 목표로 독일어를 공부하

군성잡지 발간사

는 한편 군성사軍聲社를 창설하였다.

　군성사는 월간 『군성잡지軍聲雜誌』를 발행하여 국방의 중요성을 강조하고 혁명사업의 기초를 다지는 데 일조하고자 하였다. 자금 문제로 4기를 마지막으로 폐간될 때까지 「정몽작전추의征蒙作戰芻議」, 「혁명전후군정지경영革命戰後軍政之經營」, 「군정통일문제軍政統一問題」, 「몽장문제지근본해결蒙藏問題之根本解決」 등 총 5편의 글을 잡지에 발표하였다. 그중 「혁명전후군정지경영」이라는 제목의 글에서 최초로 '조선朝鮮'에 대해 언급하였다.

　변강 문제에 주안점을 두고 작성한 이 글에서는 일본의 중국 침략을 3개 시기로 구분하고, 3기에 해당하는 포츠머스조약 체결 이후 일본은

"조선에 대한 종주권을 중국으로부터 빼앗고 동북東北에서의 영향력을 확대한 끝에 마침내 한국을 병탄하였다"고 하였다. 국제형세에 대한 면밀한 분석을 통해 중국에 대한 영토 침략의 야심을 지닌 러시아와 일본의 정책을 비교한 부분이 흥미를 끈다.

이 글에서 그는 러시아의 동아시아 경영에 대해서는 야심은 있으나 이를 실천에 옮길 경영의 묘와 실제적인 힘이 부족하다고 지적하였다. 반면 조선을 발판삼아 동북으로의 진출을 노리는 일본에 대해서는 형식보다는 실행에 주안점을 두고 있어 중국에 대한 실제적인 위협이 훨씬 크다고 지적하였다. 이처럼 생애 최초로 조선을 언급한 것은 조선의 문제에 대한 직접적인 관심에서가 아니라 일본의 중국 침략, 특히 동북지역을 차지하려는 야심에 대한 경각심을 촉구하기 위한 것이었으며, 중국의 국방 문제에 대해 언급하면서 부수적으로 다룬 것에 불과하였다.

장제스는 동북지역을 향한 일본의 왕성한 침략 기도에 대해 큰 우려를 표시했으나, 중국이 충분한 준비를 갖추기 전까지는 섣불리 일본과 충돌해서는 안 된다는 입장이었다. 후일 최후의 결정적인 순간까지 일본과의 관계가 파국으로 치닫는 것을 꺼려한 이른바 '안내양외安內攘外'를 고집한 것도 이런 인식을 바탕에 두고 있었기 때문이었다. 이러한 인식은 일본과의 전면전이 폭발하기 전까지 중국 내에서의 한국독립운동을 적극적으로 지원하지 못한 요인으로 작용하기도 하였다.

1912년 겨울 장제스는 계속 군사학을 공부하고 싶은 마음에 독일 유학을 결심하고 이를 알리기 위해 귀국하였다. 상하이에서 유학을 준비하고 있던 1913년 3월 쑹자오런 암살사건이 발생하였다. 위안스카이 타도를 위한 '2차혁명'을 계획한 쑨원은 천치메이를 통해 독일행을 접어 두고 상하이에서 대기하라는 지령을 내렸다. 장제스는 천치메이가 혁명 경비 부족으로 어려움에 처한 것을 알고 유학자금으로 준비해 두었던 3만여 원을 모두 제공하였다.

7월 16일 천치메이가 상하이에서 토원군討袁軍을 일으켜 총사령에 추대되었다. 이틀 뒤인 7월 18일, 상하이독립선언을 발표한 천치메이가 토원군 총사령부를 설립하자 장제스는 여기에 가담하였다. 창졸간에 거사한 토원군 일부를 이끌고 상하이 병공창兵工廠을 공격했으나 8월 13일 최종 실패하였다. 그 후 9월 1일 나가사키에 도착, 9월 6일에는 도쿄에 입성하여 혁명 진영 중건에 참여하였다. 이 일로 그는 한동안 일본과 상하이를 오갔다.

이 무렵에 일본은 장제스의 행적도 은밀히 조사하고 있었던 듯하다. 일본 외무성 차관 겸 정무국장 마쓰이 게이지로松井慶四郎가 9월 23일 경시총감 등에게 보낸 「본국(일본)에 망명한 중국인 조사보고」에 "육군소장 장제스(천치메이의 부하)가 상하이를 출발, 9월 1일 나가사키에 도착하였다"는 내용이 나타나 있다.

2차혁명 실패 후 8월 말 일본에 도착한 쑨원은 혁명 진영 중건에 나서서 중화혁명당中華革命黨을 조직하였다. 장제스는 10월 29일 상하이에서 입당을 서약하였다. 서약 시 이름은 학명인 즈칭을 썼다. 그는 입당 후 도쿄로 가서 12월 중에 처음으로 쑨원을 단독으로 접견할 기회를 가졌다. 이후 쑨원은 그에게 수시로 각종 중요한 혁명 임무를 맡겼다.

1914년 봄, 장제스는 쑨원의 명으로 상하이에서 위안스카이 타도를

위안스카이

위한 군사업무를 추진하여 제1로路 사령을 겸하였다. 군사계획이 상하이 진수사鎭守使에게 탐지되어 실패하는 바람에 6월 15일 대총통 위안스카이 명의의 수배령이 전국에 내려졌다. 거사계획이 실패하자 그는 다시 일본으로 건너가 천치메이를 도와 동북지역을 무대로 한 군사작전계획에 참여하였다.

7월 8일 중화혁명당 성립대회에 참가한 뒤 쑨원의 명을 받아 현지의 형세를 시찰하기 위해 중국 동북으로 향하였다. 이때 한국 땅을 밟았는데, 혁명사업을 위해 일본인으로 가장하고 한국을 경유하여 하얼빈哈爾濱으로 향했기 때문이었다. 다롄大連을 경유하지 않고 한국을 거쳐 동북으로 향한 것은 보안 때문이었다.

그해 1월 천치메이와 다이지타오戴季陶가 동북에 혁명기초를 건립하기 위해 다롄에 잠입했다가 행적이 발각되어 중도에 포기한 일이 있었다. 장제스의 동북 파견을 주도했던 천치메이가 자신의 경험을 바탕으로 안전을 위해 한국을 거쳐 동북으로 잠입하도록 지도한 것으로 보인다. 여정의 경유지였을 뿐인지라 생애 처음 한국 땅을 밟은 과정과 인상에 대해 그는 특별한 자료를 남기지 않았다. 장제스는 이후 1949년에 방한했을 때 한국과의 인연을 언급하면서 이승만李承晩에게 당시의 경험을 소상히 들려주었다.

7월 10일 하얼빈에 도착한 장제스는 창춘長春 등지를 돌며 각지의 실황과 혁명형세를 시찰하였다. 그는 결과적으로 중·일 두 나라 관부官府의 감시와 견제 때문에 혁명운동 진행이 쉽지 않다는 판단을 내렸다. 동북에 머물고 있을 때 마침 제1차세계대전이 폭발하자 급히 도쿄로 귀환하여 8월 2일 쑨원에게 세계대전의 추세와 위안스카이 토벌계획을 담은 보고서를 제출하였다.

1915년 상반기에는 도쿄에 칩거하며 왕양밍王陽明, 쩡궈판曾國藩, 후린이胡林翼의 문집과 군사학 방면의 전술서를 탐독하였다. 6월 이후부터는 여러 차례 중화혁명당 본부에 드나들며 동지들과 혁명 진행사항을 논의하였다. 11월 초 천치메이의 급전을 받은 장제스는 귀국하여 기의행동 계획 수립에 동참하였다. 혁명활동에 방해가 되는 상하이 진수사 정루청鄭汝成을 제거할 것을 천치메이에게 건의하여 11월 10일 혁명당원들에 의해 그 일이 완수되었다.

정루청 사후 위안스카이가 새로운 진수사를 파견했으나 이에 아랑곳하지 않고 적극적으로 거사계획을 수립하였다. 12월 5일 해군 함정을 탈취하려던 계획이 수포로 돌아가고, 총기관부에 프랑스조계 순포방巡捕房 경찰이 들이닥쳐 천궈푸陳果夫(1892~1951) 등이 체포되는 어려움을 겪었다. 12월 25일 위안스카이는 정식으로 황제 추대를 접수하고 1916년을 홍헌洪憲 원년으로 정한다고 선포하였다.

1916년 5월 18일 천치메이가 암살당한 뒤, 장제스는 비통함을 가라앉힐 여유도 없이 쑨원의 명으로 6월 산둥성山東省으로 향하였다. 당시 중화혁명군 동북군이 기의하여 산동 일부지역을 점령하자 쑨원은 쥐정 居正을 총사령에 임명하고 장제스를 참모장에 임명하였던 것이다. 장제스는 7월 31일부터 참모장직을 맡아 군대의 정돈에 힘을 기울이다 8월 12일에 사직하고 상하이로 돌아갔다.

호법운동 참가

1916년 6월 위안스카이가 사망한 뒤로도 그의 잔당들이 횡행하여 공화정치가 실현될 가능성은 막연하였다. 1917년 봄, 장제스는 상하이에 머물며 천궈푸 등과 함께 위안스카이의 잔당을 제거하는 혁명사업에 매진하였다. 이 무렵 베이징北京정부를 장악한 돤치루이 등 군벌들은 1912년 3월에 공포되었던 임시약법臨時約法을 폐기하고 1913년에 폐원된 국회의 부활을 거부하였다. 또 여론의 반대에도 불구하고 세계대전 참전을 결정하고, 군비 마련이라는 명목으로 니시하라차관西原借款을 들여와 민국의 근간을 흔들었다. 이에 쑨원은 추종자들과 함께 광저우로 가 비상국회를 소집하고 중화민국군정부中華民國軍政府 설립을 추진한, 이른바 호법운동護法運動을 전개하였다. 7월 8일 쑨원은 장제스에게 동남지역 각 성의 당무와 군사를 주관하고 각 방면과 연계의 임무를 수행하라는 명령을 하달하였다.

국무총리 돤치루이가 장악한 베이징정부는 1917년 8월 14일 독일과 오스트리아에 선전을 포고하고 정식으로 세계대전에 참전하였다. 참전국이었지만 중국은 단 한 명의 전투 병력도 파견하지 않은 반면, 1916년 겨울부터 전쟁이 끝날 때까지 17만 5천 명의 노동자를 유럽과 아프리카에 파견하여 노동력을 제공하였다. 중국이 참전을 선언하자 주중 독일공사 힌체Paul Von Hintze는 귀국 전 2백만 원의 자금을 쑨원에게 전달하였다. 이는 쑨원이 평소 참전을 적극 반대했기에 베이징정부를 타도하려는 쑨원의 정치활동을 후원하기 위해서였다.

쑨원은 이 돈으로 두 가지 일을 추진하였다. 첫째는 베이징정부 해군총장 청비광程璧光을 움직여 응서應瑞, 해침海琛 두 함정의 귀순을 이끌어낸 일이다. 다음은 장제스 등을 통해 상하이증권물품교역소에 자금을 투자한 일이다. 호법정부의 자금 출처가 언급될 때마다 쑨원은 장제스에게 물어보면 알 수 있을 것이라고 얼버무렸다. 관련 물음에 장제스는 "증권거래소에 백만 원을 투자하여 이익금을 총리(쑨원)께 군사비로 드렸다"고 답하였다. 후일 사람들은 이로 인하여 장제스가 증권 투자를 통해 상당한 이익을 남긴 것을 알게 되었다. 실상 쑨원, 장제스, 다이지타오, 장런제張人傑 네 사람이 보유하고 있던 우선주는 최고가가 1백만 원에 달했으나, 후일 장런제의 투자 실수로 한 푼도 남기지 못하였다.

1917년 9월 1일 쑨원은 광저우에서 중화민국군정부를 조직하고 대원수에 추대되어 본격적인 호법운동을 전개하였다. 장제스는 상하이에 머물며 군사작전방략을 수립하여 쑨원에게 제출하였다. 1918년 초까지 상하이에 머물다 쑨원의 부름을 받고 3월 5일 광저우에 도착하였다.

3월 15일에는 그해 1월에 성립된 원민월군총사령부援閩粵軍總司令部 작전과 주임에 취임, 푸젠福建 공략을 위한 작전계획 수립에 참여하였다.

1918년 5월 4일 광저우호법정부는 군정부 개조안을 통과시켜 7인 총재 정부를 택하였다. 이에 대원수직을 사임한 쑨원이 5월 21일 광저우를 떠나 산터우汕頭에 도착하자 장시간 대화를 나누었다. 이후 장제스는 작전계획 수립과 실제 전투지휘 등에 주력했으나 주변의 배척을 받자 7월 31일 사직한 뒤, 8월 21일 상하이에 도착하였다. 이틀 뒤 먼저 상하이에 도착해 있던 쑨원을 찾아가 광둥廣東과 푸젠의 전황을 보고하고 자신의 사직 이유도 설명하였다.

장제스는 쑨원의 요청으로 복직을 결심하고 홍콩을 거쳐 9월 18일 장저우漳州에 도착하여 총사령 천중밍陳炯明(1878~1933)

원민월군 총사령 천중밍

원민월군 제2지대 사령관에 임명된 장제스(1918)

을 회견한 뒤, 각 방면의 보고를 검열하고 전황을 조사하였다. 9월 26일에는 원민월군 제2지대 사령관에 임명되었다. 푸젠 남부 요충들을 공략하고 푸저우福州에서 불과 수십 리 떨어진 곳까지 진격했으나 12월 10일에 정전령이 하달되자 진격을 멈추었다.

1919년 3월 5일 장제스는 총사령부에 휴가를 청한 뒤, 상하이로 가서 3월 16일부터 연일 쑨원을 만나 국사를 논하였다. 휴가를 마치고 5월 2일 푸젠 창타이長泰에 있는 제2지대 사령부에 복귀하였다. 하지만 그는 지휘관들의 출신지에 따라 계파를 나누어 반목하는 월군 내부의 상황에 염증을 느끼고 7월 12일 쑨원에게 사직서를 제출했으나 받아들여지지 않았다. 이에 9월 27일 상하이로 거처를 옮기고, 10월 3일 쑨원을 만나 구미 유학 계획을 보고하였다. 이때 쑨원은 장제스에게 국내에 남아 군사 방면에서 도움을 달라며 그의 유학을 만류하였다.

1918년 10월 사실상 제1차 세계대전이 종료되었다. 협약국들은 전시에 중국이 단 한 명의 군사도 파견하지 않은 데 대해 상당한 불만을 갖고 있었다. 그러나 당시 중국인들은 그해 1월 윌슨Woodrow Wilson이 민족자결원칙에 입각하여 발표한 장래 평화회담에 관한 14개 원칙에 큰 기대를 걸고 있었다. 전승국 자격으로 산둥에서의 독일의 권리를 회수할 수 있으리라 희망하였다.

1919년 1월 파리강화회의가 개최되자 중국은 외교총장 루정샹陸徵祥, 주미공사 구웨이쥔顧維鈞, 주영공사 스자오지施肇基 및 광주군정부에서 보낸 왕정팅王正廷을 대표로 파견하였다. 회의에서 중국 문제가 논의되자 일본대표는 독일이 산둥에서 향유하고 있던 모든 권리를 일본이 계승해야 한다고 주장했지만, 구웨이쥔은 이에 즉각적인 반대 입장을 표하였다. 중국대표들은 ① 외국이 중국에 가지고 있는 세력 범위의 철폐, ② 중국에 주둔 중인 외국 군대 철수, ③ 중국 내의 외국 우편·전신사업 철폐, ④ 영사재판권 취소, ⑤ 조차지·조계의 반환, ⑥ 관세자주권 회수, ⑦ 일본의 21개조 요구의 취소 등을 제안하였다.

산둥 문제에 대해 일본 측은 이 문제는 1915년 5월의 중일신약中日新約과 1918년 9월의 중일환문中日換文 등과 연결된 것으로, 1915년의 중일 신약은 중국의 참전으로 폐기되었다 할지라도 1918년의 환문은 참전 이후의 일이므로 여전히 유효하다는 논리를 내세워 중국 측의 입장을 반박하였다.

결국 본회의에서는 중국대표단의 제안에 대한 심리 자체가 거부되었다. 이에 중국대표들은 독일이 산둥에서 향유하고 있던 권한들을 잠시 영·미·프·이·일 5개국이 공동 접수한 뒤 후일 중국에 반환하고, 일본 측에 대해서는 별도로 칭다오靑島에서 사용한 전비戰費를 보상하고 교주만을 개방하며 외국인의 거류지를 획정하자고 제안하였다. 일본 측은 이를 거부하고 회의에 임하지 않겠다는 협박적인 자세를 취하였다. 4월 30일 영·미·프 3개국은 일본 측에 굴복하여 산둥에서 독일이 가지고 있던 모든 권리를 일본이 승계할 것을 승인하고, 산둥 문제의 근본적 해결은 다음의 워싱턴회의로 넘겨버렸다.

파리강화회의에서 결정된 내용이 국내에 알려지자 중국 내에서는 이제까지 볼 수 없었던 민족운동이 고양되었다. 산둥 문제의 당사자였던 차오루린曹汝霖, 루쭝위陸宗輿, 장쭝샹章宗祥을 매국노로 매도하고 운동의 화살을 일본과 안복파安福派에게 돌렸다.

1919년 5월 4일 국치기념일을 앞두고 베이징의 수많은 학생들은 시위를 전개했으며, 전국 각지에서 이에 호응하는 민중운동이 일어나 6월 하순까지 계속되었다. 결국 베이징정부는 학생 등의 모든 요구를 승낙하고 차오루린을 파면했으며, 베르사유조약에 조인하지 않겠다는 입장을 발표하였다.

5·4운동시기에 장제스는 여전히 전선前線에 있다가 주변인물들과 마찰 때문에 군직을 벗어나 한동안 구랑위鼓浪嶼에서 휴양하였다. 직접 애국시위에 동참하지는 않았으나 5·4운동에 지지를 보냈다. 일기에 "중국 국민들이 자발적으로 나선 첫 번째 시위운동으로 가히 파천황의 장거이다. 민심이 살아 있는 한 중화민국은 분명 부흥을 이룰 것"이라며 5·4운동을 높이 평가하였다.

장제스는 일본 지인들에게 편지를 전해달라는 쑨원의 요청에 따라 1919년 10월 25일 상하이를 출발, 사흘 뒤인 10월 28일 저녁 고베神戶에 도착하였다. 4년 만에 다시 일본을 방문한 장제스는 도쿄, 교토京都, 요코하마橫濱 등지를 돌아보았다. 이때 일본 사회개혁의 성과를 목도하고, 중국 사회도 철저한 개조가 필요함을 깊이 인식하였다.

일본 방문을 끝내고 11월 19일 상하이에 도착한 장제스는 이틀 뒤 쑨원에게 일본행 결과를 보고하고 시사 문제에 대한 의견을 나누었다. 12월 5일 천중밍이 복직을 청하는 친서를 사람을 통해 전달했으나, 이에 응하지 않았다. 이후 상하이에 계속 머물며 수시로 쑨원을 찾아 의견을 나누었다.

1920년에는 '신사조' 연구를 목표로 삼고 『신청년新靑年』 등의 잡지와 사회주의 및 마르크스주의 관련 서적 독서를 계획하였다. 아울러 혁명 후 소련의 정세 고찰과 세계일주를 염두에 두고 러시아어와 영어를 공부하기로 결심하였다. 그는 만약 위의 계획을 실현하지 못한다면 사업에 힘을 쏟겠다는 생각을 하였다. 당시 그가 생각한 것은 면맥회사棉麥會社를 설립하여 면화와 보리 재배에 나서든지, 면화棉花와 면사棉絲 매매시장의 중개인이 되는 것이었다. 실제로 1919년 가을부터 상하이 증권물품교역소에서 중개인으로 활동하며 증권과 면사 등의 매매에 종사하기도 하였다.

주즈신

1920년 봄 장제스는 세계혁명에 투신할 생각을 갖고 소련으로 출국할 결심을 다졌다. 5월 26일 저녁 다이지타오, 주즈신朱執信(1885~1920), 랴오중카이廖仲愷(1877~1925) 등과 출국 문제를 논의하였다. 다이지타오와 둘이서 1개월 내에 출국하기로 결정하고 각자 3천 원의 여비를 마련하기로 약조했지만, 얼마 뒤 쑨원의 명에 따라 작전 지휘를 위해 장저우로 떠나면서 출국계획은 무산되었다.

푸젠과 광둥의 군사상황이 여의치 않자 월군 총사령 천중밍, 참모장 덩컹鄧鏗이 연일 복직을 재촉하는 전보를 보내왔다. 쑨원은 물론이려니와 주즈신, 랴오중카이 등의 동료들도 속히 복직하기를 권하자, 4월 8일 장저우에 도착하여 작전계획을 수립하는 것으로 복직을 알렸다. 그러나 여전한 월군 내부의 파벌싸움에 염증을 느끼고 4월 말 다시 상하이로 돌아갔다.

이보다 앞서 쑨원은 혁명경비 마련을 위해 국민당 동지들로 하여금 증권과 선물先物 거래에 손대도록 지령하였다. 1919년 가을 장제스는 천궈푸 등과 상의 끝에 상하이증권물품교역소 제53호 중개인 ― 무신공사茂新公司 ― 으로 면사와 증권 거래에 나섰다. 1920년 4월 말 장저우에서 상하이로 돌아온 뒤에는 다시 천궈푸 등과 5천 원의 자본금을 모아 우애공사友愛公司를 공동 설립하기로 하였다. 그러나 계획이 막 확정되었을 무렵, 국제 금융위기로 은값이 폭락하여 사업에서 첫 번째 좌절을 맛보았다.

이 무렵 장제스는 측실 야오예청姚冶誠 문제로 고민이 적지 않았다. 도박을 좋아할 뿐 아니라 어머니를 대하는 태도에도 문제가 있어 헤어질 생각이 적지 않았다. 가장 큰 걸림돌은 헤어지면 둘째아들 장웨이궈蔣緯國를 돌볼 사람이 없다는 것이었다. 사업이 여의치 않은 데다 측실 문제로 고민하던 장제스는 지친 심신을 달래기 위해 6월 말 푸퉈산普陀山을 찾아 정신을 가다듬었다. 푸퉈산에서 돌아온 뒤 재차 천궈푸 등과 무신공사를 설립하고 사업에 뛰어들었으나 큰 손실을 보았다.

1920년 여름, 군정부의 내홍으로 광둥의 형세는 매우 혼란스러웠다. 이에 쑨원은 주즈신, 랴오중카이를 장저우로 급파하고 천중밍 부대를 광둥으로 진격시키고자 하였다. 장저우에 도착한 주, 랴오가 여러 차례 전보를 보내오는 데다 후한민胡漢民(1879~1936)과 다이지타오도 복직을 강권하였다. 이에 7월 8일 장저우에 도착하여 총사령 천중밍과 장래계획을 논의하였다. 8월 5일 쑨원의 전보를 받은 뒤, 8월 7일 상하이에 도착하여 월군의 내부사정을 보고하고 국내정세에 대한 의견을 나누었다.

1920년 8월과 9월에는 상하이와 닝보를 오가며 비교적 한가한 나날을 보냈다. 그는 9월 20일 쑨원의 전보를 받고 고향을 떠나 9월 22일 상하이에 도착하였다. 쑨원은 장제스에게 소련, 쓰촨, 광둥 세 곳 가운데 가고 싶은 곳을 마음대로 고르라고 하였다. 장제스는 랴오중카이의 의견에 따라 광둥행을 결정하고 9월 30일 상하이를 출발하였다.

10월 5일 산터우에 도착한 즉시 총사령부로 가서 각 참모들을 만나고, 오후에는 천중밍에게 군사작전에 관한 의견을 개진하였다. 당시 푸젠에 주둔하고 있던 월군은 세 방면으로 나누어 광둥 공략을 위한 출정을 시작하였다. 장제스는 우익을 맡은 쉬충즈許崇智 휘하 제2군으로 작전 계획 수립과 전투 지휘에 참가하여 10월 29일 월군은 광저우 공략에 성공하였다. 그는 11월 4일과 5일 연달아 월군 제2군 군장 쉬충즈에게 부군장 장궈전張國楨의 죄상을 고발하는 편지를 보낸 뒤, 홍콩을 거쳐 11월 12일 상하이에 도착하였다. 이에 앞선 11월 4일에 이미 천중밍에게 사직서를 제출한 상태였다.

장제스는 상하이에 도착하자마자 곧바로 쑨원을 찾아가 광둥의 정치와 군사상황을 보고하였다. 다음날에도 쑨원과 밀담을 나누었다. 이 자리에서 쉬충즈도 월군 내 파벌싸움에 분개하여 상하이에 도착했다는 소식을 듣고 장제스는 다음날 귀향하였다. 쑨원을 비롯하여 후한민, 다이지타오, 장런제 등이 연명으로 상하이로 돌아올 것을 재촉하는 전보를 보내었으나 어머니와 자신이 병중임을 이유로 거절하였다.

월군이 광둥성을 수복하자 쑨원은 1920년 11월 29일 광저우에 도착, 군정부를 회복하였다. 광시廣西로의 발전을 꾀한 쑨원은 1921년 1월 7일 장제스에게 광둥행을 재촉하는 전보를 보냈다. 그러나 그는 여전히 이에 응하지 않고 고향에서 「군사의견서」를 작성하여 쑨원과 여러 동지들에게 우송하였다.

이어 1월 12일에는 광시로의 발전을 꾀하면서도 동원령을 하달하지 않은 것을 지적하며 "동원령을 하달하면 즉시 달려가 힘을 다할 것"이라는 전보를 쑨원에게 보냈다. 결국 개인 신분으로 쑨원과 천중밍에게 협조할 결심을 굳히고 2월 6일 광저우에 도착하여 쑨원을 예방하였다.

당시 월군 내부에서는 작전계획을 놓고 의견이 분분하여 보조를 맞추지 못하고 있었다. 그는 광저우에 도착한 지 열흘이 되도록 군사상의 진전이 없자 크게 실망하였다. 2월 14일 "신속히 광시로 출병하여 내부 단결을 꾀하고 광둥 근거지를 공고히 하기 바란다"는 내용의 편지를 덩경에게 보내고 상하이로 향하였다.

1921년 2월부터 5월까지는 주로 고향에 머물며 증권물품교역 일로 종종 상하이를 오갔다. 이 무렵 어머니의 병환이 깊어지고 있는 데다가 본부인 마오푸메이와의 관계가 악화되어 장제스는 심적으로 매우 힘든 상황이었다. 광저우행을 재촉하는 전보가 빗발치듯했지만 개인적인 사정으로 쉽게 고향을 떠날 수 없는 처지였다. 그러나 자신이 집에 머물면 오히려 어머니가 불편해할 것을 염려하여 결국 5월 10일 광저우로 향하였다.

쑨원은 5월 5일에 이미 비상대총통에 취임하였다. 장제스는 광저우에 도착한 지 얼마 지나지 않은 5월 24일 밤 흉몽을 꾸자 어머니에게 변고가 있는 것은 아닐까 염려되어 다시 고향으로 돌아갔다. 얼마 뒤인 6월 14일 오전에 그의 어머니는 58세를 일기로 사망하였다.

1921년 6월 18일 월군에 총공격령이 하달되어 광시로의 진격이 시작

1921년 5월 5일 쑨원이 비상대총통에 취임했던 식장(현 광동 혁명역사박물관)

되었다. 속히 광둥행을 청하는 전보가 연일 이어졌지만 장제스는 어머니의 장례 절차를 마친 9월 3일에야 광저우로 향할 수 있었다. 광저우에서는 연일 쑨원, 후한민, 쉬충즈 등과 북벌 출병일자를 논의하였다. 9월 17일에는 광시 난닝南寧에 도착하여 월군 총사령 천중밍을 만나 의견을 나누었다.

광시 전역 평정을 목전에 두고 있던 당시 천중밍은 북벌에 대해서는 극력 반대하였다. 장제스는 천중밍을 직접 만나 그의 의향을 확인하자 곧바로 광저우로 돌아가 쑨원에게 결과를 보고하였다. 이어 왕자오밍汪兆銘(1883~1944), 후한민, 덩켕 등과 비밀회의를 갖고 북벌 개시일자를 결정하였다. 이후 주변의 이목을 피하기 위해 홍콩에서 8일간 대기하며 명령을 기다리다 상하이를 거쳐 귀향하였다. 마침 이 무렵인 10월 4일 광저우에서 중한협회中韓協會가 성립되고, 10월 8일 쑨원은 대한민국임시정부에서 특파한 신규식申圭植을 접견하였다.

11월 23일 어머니의 안장의식을 마친 장제스는 쑨원을 도와 혁명사업의 완수를 위해 매진할 것을 다짐하였다. 쑨원은 12월 4일 구이린桂林에 도착하여 대본영을 설치하고 북벌을 본격적으로 준비했는데, 장제스는 이에 호응하여 12월 22일 광저우에 도착하였다. 광저우에 도착하자마자 속히 구이린으로 오라는 쑨원의 전보를 받고 다음해 1월 3일 광저우를 출발하였다.

1922년 1월 18일 구이린에 도착한 장제스는 바로 군부軍部에서 작전지도 제작 등의 업무에 참여하였다. 이 무렵 본격적인 군사작전이 전개되기도 전에 천중밍이 후난도독湖南都督 자오헝티趙恒惕와 결탁하여 북벌을 적극 방해하였다. 또 덩경이 광저우에서 피살되는 사건이 발생하였다. 천중밍이 약속을 어기고 후방지원을 중단하자 쑨원은 3월 26일 긴급회의를 개최했는데, 이 자리에서 천중밍 토벌을 주장하였다. 그는 4월 22일 재차 천중밍을 토벌한 후 북벌을 전개하자고 건의하였다. 쑨원이 의견을 받아들이지 않자 다음날 사직하고 고향으로 향하였다.

5월 4일 쑨원은 육해군 대원수 명의로 북벌령을 하달하고 5월 6일 사오관韶關에서 북벌서사식을 가졌다. 이를 전후하여 장제스에게 북벌 군사작전에 참가하기 위해 사오관으로 오라는 전보가 빗발쳤다. 또 5월 14일에는 월군 제2군 참모장에 임명되었으나 그는 여전히 응하지 않았다. 북벌 군사작전이 개시된 뒤인 5월 25일에는 왕자오밍, 후한민 등에게 전보를 보내 천중밍을 먼저 처리하여 후방을 공고히 한 뒤 북벌에 나설 것을 주장하였다.

6월 1일 쑨원은 동태가 수상한 월군 단속을 위해 후한민으로 하여금 사오관 대본영을 유수하도록 하고 자신은 광저우로 돌아갔다. 쑨원의 노력에도 불구하고 천중밍의 모반 음모는 그치지 않아 6월 14일 스룽石龍에서 랴오중카이를 감금하였다. 6월 15일에는 쑨원과 총통 쉬스창徐世昌의 동시 하야를 요구하더니 다음날 새벽 3시 쑨원이 머물고 있던 총통부를 공격하였다. 간신히 하이주海珠의 해군사령부로 피신한 쑨원은 다음날 함대를 이끌고 반군에 대한 포격을 개시하였다. 그 뒤 6월 18일 장제스에게 급전을 보내 속히 광저우로 와 반군 진압에 협조할 것을 청하였다.

6월 29일 장제스는 황푸에서 쑨원을 만나 각 방면의 상황에 관한 의견을 나누었다. 7월 1일에 천중밍은 쑨원이 탑승하고 있던 영풍함永豊艦에 사람을 보내 강화를 청했으나 쑨원은 이를 거부하였다. 이후 1개월여의 대치 끝에 장시로 진격했던 북벌군이 실패하였다는 소식을 접하자, 8월 7일 새로운 발전을 도모하기 위해 쑨원에게 광저우를 떠날 것을 건의하였다. 8월 9일 오후 쑨원과 함께 영국군함 편으로 상하이로 향하였다. 8월 14일에 상하이에 도착한 후 닝보로 가 잠시 휴식을 취하고 나서 8월 말부터 랴오중카이, 왕자오밍 등과 천중밍 토벌방략을 논의하였다.

8월 12일 소련 대표 요페Adolf A. Joffe가 베이징에 도착하였다. 8월 25일 요페가 사람을 상하이로 보내 쑨원과의 면담을 청하자, 8월 30일 쑨원은 장제스에게 군사 문제 및 소련이 파견할 군사수행원과의 회담 준비를 위해 급히 상하이로 올 것을 청하는 편지를 보냈다. 장제스는 여전히 고향과 닝보에 머물다 가끔 상하이에 들러 혁명당 인사들과 접촉하고 있었다. 그동안 그는 6월 15일부터 8월 15일까지 두 달 사이에 펼쳐진 긴박한 상황을 정리한 『손중산광주몽난기孫中山廣州蒙難記』 초고를 완성하였다.

쑨원의 명을 받은 장제스는 10월 4일 상하이에 도착하여 시국에 관해 논하였다. 그 뒤 10월 18일 푸젠에 주둔하고 있는 각 부대를 일률적으로 '동로토적군東路討賊軍'으로 개편하였다. 쉬충즈는 토적군 총사령 겸 제2군군장에 임명되었고, 장제스는 총부참모장으로 부대정리와 개편사무를 책임지게 되었다. 이에 장제스는 나라와 당을 위해 죽을 각오를 다짐하고 10월 20일 푸젠으로 향하였다. 이틀 뒤 푸저우에 도착하여 동로토적군 제2군 군부에서 업무를 시작하였다.

당시 동로토적군 내부에는 계파투쟁이 심했는데, 특히 쑨원과 가까운 사람들에 대한 배척이 무척 심하였다. 이 때문에 장제스는 사직의 뜻을 밝혔으나, 쑨원은 푸저우 고수의 필요성을 역설하는 편지를 보내 그의 사직을 극구 만류하였다. 11월 27일 상하이로 가서 쑨원, 후한민, 왕자오밍 등과 회합하고, 12월 초까지는 상하이와 닝보를 오가며 편지와 전보를 통해 후한민, 왕자오밍 등과 시국과 군사 문제에 관해 의견을 나누었다.

장제스는 미국으로부터 들여온 무기를 실은 선박이 소송에 얽혀 접수가 늦어지고 있으니 이를 해결하라는 쑨원의 전보를 받고 12월 18일 다시 푸저우로 향하였다. 이 무렵에는 우페이푸吳佩孚가 정치적 실패를 만회하기 위해 창장長江 일대에 포진한 지지 병력 4~5만 명을 모아 푸젠 공략을 준비하고 있었다. 이를 생사의 위기로 간주한 쑨원은 광둥으로의 진격이 유일한 활로라 판단하고 12월 28일 광둥 차오저우潮州와 산터우로의 진공을 지령하였다.

1923년 1월 16일, 윈난과 광시의 토적군討賊軍이 광저우를 수복하고 쑨원에게 광둥으로 귀환할 것을 요청하였다. 광저우를 상실한 천중밍은 후이저우惠州로 퇴각하였다. 이 무렵에도 장제스는 여전히 천중밍 토벌을 먼저 한 뒤 광저우에서의 기반 강화에 나설 것을 주장하였다. 2월 3일 중국국민당은 본부에 군사위원회를 성립했는데, 그는 위원 11명 가운데 이름을 올렸다.

2월 21일 광저우에 도착한 쑨원은 중화민국 육해군 대원수 직권을 행사하였다. 이러한 형세의 변화에 맞추어 장제스의 광둥행을 청하는 전보가 사방에서 날아들었다. 그럼에도 그는 계속 고향에 머물며 가끔 상하이를 오갈 뿐이었다. 다만 여전히 천중밍 토벌이 우선되어야 한다는 주장을 담은 서한과 전보를 쑨원 등에게 발송하여 혁명사무에 대한 관심은 놓지 않았다.

3월 2일 육해군 대원수 대본영이 정식 성립되었다. 장제스는 3월 16일 대본영 참모장에 임명되었다. 그러나 여전히 고향에 머물며 종종 군사 문제에 관한 건의를 올렸다. 4월 19일에야 광저우에 도착하여 대본영에서 쑨원과 군사 방면에 대한 의견을 나누었다. 이후 수개월 동안 쑨원 가까이에 머물며 군무軍務를 처리하였다.

그는 특히 6월 17일 대원수 행영참모장에 임명되어 수시로 군사계획 수립에 참여할 수 있게 되었다. 그러나 주변의 시기와 질투가 날로 심해지자 사직 여부를 두고 고민하다 끝내 7월 12일 직접 쑨원에게 사직의사를 밝히고 14일 상하이로 향하였다.

소련 고찰,
황푸군관학교 교장 취임

소련은 공산혁명에 성공한 뒤 소비에트정권을 수립했으나 국제사회에서 승인을 받지 못하고 있었다. 이에 소련정부는 중국 등 각국에 특사를 파견하여 외교적 승인을 획득하는 동시에 마르크스·레닌주의를 선전하여 공산당 세력의 발전을 꾀하고자 하였다.

1923년 7월 광저우에서 코민테른Comintern 대표와 상담한 쑨원은 대표단을 소련에 파견하여 정치 및 군사, 당무 등을 고찰하기로 결정하였다. 장제스는 쑨원의 지령에 따라 8월 5일 상하이에서 코민테른 대표 및 장지張繼, 왕자오밍 등과 회합하고 '손일선박사대표단孫逸仙博士代表團' 조직 문제를 논의하였다.

8월 16일 장제스는 손일선박사대표단 단장으로 선딩이沈定一, 장타이레이張太雷, 왕덩윈王登運 등과 상하이를 출발하였다. 다롄에 상륙, 창춘과 하얼빈을 거친 일행은 만저우리滿洲里를 통해 소련에 진입하였다. 8월

26일 치타Chita에서 소련 대표의 영접을 받은 뒤 모스크바로 향하였다. 당시 대표단이 탑승한 열차에는 요페도 동승했으나 그의 병세가 심하여 서로 인사를 나누지는 못하였다.

9월 2일 모스크바에 도착한 일행은 소련 외교부 관원의 영접을 받았다. 레닌Vladimir I. Lenin은 3월 초 세 번째 뇌일혈로 쓰러져 회복 중이었으므로 일행은 소련에 머무르는 동안에도 그를 만나지는 못하였다. 9월 3일 소련 외교인민위원부 동방부장을 만나 외교인민위원부 위원장 치체린Georgii V. Chicherin과의 회견일자를 논의하였다. 9월 5일 치체린과 약 1시간 반 동안 회담한 뒤, 회담 내용은 선딩이가 정리하여 왕자오밍을 통해 쑨원에게 보고하였다.

9월 9일 오전에는 소련공산당 동방국장 보이틴스키Grigori Voitincky를 방문하고, 오후에는 혁명군사위원회 부주석 스킬얀스키Ephraim M. Sklyansky 와 홍군 총사령 카메네프Lev Kamenev 등을 만나 중국의 현상에 대한 의견을 나누었다. 이 자리에서 소련 혁명군사위원회가 가능한 한 많은 인원을 중국 남방에 파견하여 홍군의 방식대로 중국군대를 훈련시켜 줄 것, 손일선박사대표단에게 홍군에 대해 더 깊이 알 수 있는 기회를 제공해 줄 것, 중국의 군사작전계획을 공동으로 토론할 것 등 몇 가지를 요구하였다.

또 중국의 군사상황을 소개하고, 쿠룬庫倫(현 울란바토르) 이남의 중국과 몽골 변경지대에 손일선의 군대를 건립, 몽골 남부로부터 중국 북방으로 제2종대의 진공을 발동할 것을 건의하였다. 스킬얀스키 등은 서면 형식으로 이 계획을 구체화해줄 것을 청하였다. 장제스는 지금까지 만나본 소련 외교와 군사 방면 인사들이 친절하며 중국을 도우려는 열정을 가지고 있음을 확인하고 입국立國의 기초가 탄탄하다는 느낌을 갖게 되었다.

9월 11일에는 군사학교 관리총부주임인 페트로브스키Nikolai Petrovsky를 예방하여 군사학교 교과과정과 소련군대의 조직 내용에 관한 설명을 들었다. 각 연대마다 정치위원이 상주하여 부대의 중요 임무에 참여하고, 부대장의 명령도 정치위원의 서명이 있어야 유효하다는 설명에 큰 관심을 보였다. 장제스 일행은 군사학교와 보병부대, 해군대학과 해군학교 등 군사관련 시설 외에도 발전소와 농촌 등을 참가하며 바쁜 일정을 보냈다. 11월 28일 코민테른 집행위원회 주석단회의에 참가하여 국공합작 문제를 토론하는 것으로 소련 고찰은 마무리되었다. 11월 29일 모스크바를 출발하여 귀국길에 올랐다. 이때 장제스는 이번 소련 고찰은 목적한 바를 달성하지 못한 '헛수고'로 평가하였다.

모스크바로 향했던 길을 되짚어 이동하여 12월 10일 다롄에 도착하였다. 장제스는 12월 15일 상하이에 도착했으나 곧장 광둥으로 가지 않고 고향에 머물며 3개월간의 참관과 고찰, 회담 등을 통해 얻은 자료와 인상을 담은 보고서를 작성하여 쑨원에게 우송하였다. 보고서에 실은 감상의 핵심은 소련공산당에 대한 불안한 심리의 표현이었다.

1924년 1월 16일 광저우에 도착한 장제스는 쑨원에게 소련 방문 결과를 구두로 설명하였다. 이미 장제스가 보낸 보고서를 읽은 쑨원은 중국의 유일한 친구는 소련이라며 중국과 소련 양국 관계의 미래에 대해 너무 우려하는 것은 혁명의 현실적 환경에 적절하지 못하다고 비평하였다.

중국국민당은 1924년 1월 20일부터 1월 30일까지 광저우에서 제1차 전국대표대회를 열고 연아용공聯俄容共(제1차 국공합작)정책을 확정하였다. 반군벌투쟁을 전개하는 과정에서 쑨원은 군벌을 이용하여 군벌을 제압하는 책략을 구사하였다. 그러나 이 방법은 혁명세력이 군벌에 예속되는 상황이 이어져 혁명파의 이상이 실현될 가망성을 요원하게 하는 것이었다. 마침 러시아혁명이 성공을 거두고 중국으로의 발전을 꾀한 코민테른이 쑨원의 혁명이념에 동정을 표시하면서 쑨원은 국공합작을 통해 군벌과 제국주의를 타도할 생각을 가지게 되었다.

국공합작과 동시에 쑨원은 혁명무력의 요람이 될 군관학교 건립을 결정하였다. 군관학교 출신을 골간으로 구성된 혁명무력은 그의 희망대로 이후 반군벌 세력의 주축이 되었을 뿐 아니라 제국주의와 중공에 대항하는 주요한 무력으로 성장하였다.

제1차 전국대표대회에서 군관학교 설립이 결정되자 1월 24일 쑨원은 학교의 명칭을 '육군군관학교'로 정하였다. 학교 설립을 위한 주비위원회가 구성되고, 위원장 장제스 외에 주비위원 7명이 선임되었다. 1월 28일 군관학교 소재지는 황푸에 있는 구 해군학교 자리로 정해졌고 이에 '황푸군관학교'로 불리게 되었다.

2월 3일 장제스는 쑨원에 의해 중국국민당 본부 군사위원회 위원에 임명되어 국민당 내에서 처음으로 직무를 맡게 되었다. 2월 8일 첫 번째 육군군관학교 주비회의가 열렸으며, 2월 10일 회의에서는 각 성省과 구區의 학생 모집정원을 분배하였다. 당시 대부분의 지역이 군벌의 세력범위 내에 있어 공개적으로 학생을 모집하기에는 어려움이 있었다. 이에

육군군관학교 주비위원회 위원장 사직서(1924. 2. 21)

전국대표대회에 참가한 뒤 귀향하는 각 대표들을 통해 혁명 청년들의 응시를 유도하기로 결정하였다.

  2월 21일 장제스는 국민당 중앙집행위원회에 육군군관학교 주비위원회 위원장 사직을 청하고 광저우를 떠났다. '당내 동지들의 질투와 배척'이 사직의 원인이라는 내용의 편지를 보냈음에도 쑨원을 비롯한 주변 인물들의 복직 요청이 빗발쳤다. 여전히 복직하지 않은 상태임에도 3월 21일 장제스는 육군군관학교 입학시험위원회 위원장에 임명되었다. 3월 27일 다른 주비위원에게 편지를 보내 조만간 복직할 뜻을 밝히고, 주비공작은 본인이 정한 장정章程에 따라 진행할 것을 요청하였다. 그 뒤 4월 14일 쉬충즈와 함께 상하이를 출발, 21일 광저우에 도착하여 쑨원의 지령을 받았다.

4월 26일 황푸에 도착한 장제스는 군관학교 곳곳을 시찰하였다. 당일 군관학교 하급간부가 입교하여 학생들을 대상으로 훈화하였다. 5월 3일 육군군관학교 교장 겸 월군 총사령부 참모장에 임명되었다. 5월 5일 육군군관학교 제1기생 470명이 입교하여 5월 8일부터는 사흘 간격으로 하루에 한두 번 훈화를 실시했는데, 이를 통해 학생들에게 혁명주의를 심어주었다. 5월 9일에는 랴오중카이가 군관학교 당대표로 특파되었다.

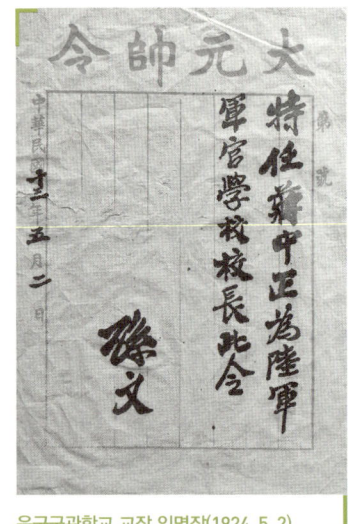

육군군관학교 교장 임명장(1924. 5. 2)

6월 16일에는 입교 날보다 학생 수가 늘어나 499명의 학생이 참가한 가운데 군관학교 개교식이 거행되었다. 이날 쑨원은 직접 기념식에 참가하여 연설했고, 서면으로 훈사訓辭를 보냈다. 북벌을 완성한 뒤 국민정부國民政府는 바로 이 훈사에 곡을 붙여 국가로 정하였다. 8월에는 2기생 6백 명이 입교했는데, 이들은 그해 10월 15일 광저우상단廣州商團의 반란 사건을 진압하는 데 투입되어 상당한 성과를 거두었다. 이어 12월에 3기생까지 입교하여 군관학교의 재학생 수는 총 2,289명으로 증가하였다.

1925년 2월 3일 장제스는 군관학교 학생들로 구성된 부대를 이끌고 천중밍 타도를 위한 동정東征에 나섰다. 동정 군사활동이 순조롭게 진행되던 3월 12일 쑨원이 베이징에서 사망하였다. 장제스는 3월 21일 오후

1924년 6월 16일 육군군관학교 개교식

개교식 직후 장제스와 쑨원

랴오중카이

5시경 후한민의 전보를 통해 쑨원의 사망 소식을 듣고 망연자실하였다. 다음날 9시에 쑨원을 추모하는 요제遙祭를 거행한 뒤, 랴오중카이와 후한민 등에게 총리의 유지를 계승하여 혁명완성을 위해 계속 노력할 것을 다짐하는 전보를 보냈다.

4월 초에 동정을 마무리한 장제스는 광저우로 귀환하여 군관학교 업무에 매진하였다. 6월 21일에는 군관학교 교무회의를 열고 국민정부 조직 문제를 논의하였다. 국민정부는 위원제를 취하기로 결정하였다. 회의 참석자들이 모두 국민정부 위원에 이름을 올리자는 제안이 있었지만, 정부의 직접 지휘를 받는 입장임을 이유로 적극 사양하였다.

국민정부가 정식 성립되던 7월 1일, 장제스는 육군군관학교 제3기생 개학식을 주관하였다. 이틀 뒤인 7월 3일 국민당 중앙집행위원회는 국민정부 내에 군사위원회를 설치하기로 결의했는데, 장제스는 8명의 군사위원에 포함되었다. 7월 6일 취임선서를 한 그는 「고제장사문告諸將士文」을 발표하여 국민혁명의 기치 아래 일치단결하여 반제국주의투쟁을 전개하자고 호소하였다.

8월 20일 랴오중카이 암살사건이 발생하자 장제스는 사건 조사를 위해 조직된 특별위원회 위원 3인에 포함되어 창저우長洲에 계엄을 선포하였다. 8월 26일 군사위원회 의결에 따라 국민혁명군 조직개편이 단행됨에 따라 당군黨軍이 제1군으로 개편되어 그는 군장을 맡게 되었다. 9월 1일 특별위원회 회의에서는 재정통일, 둥장東江 출병, 후한민 출국 등 세 가지 사항이 의결되었다.

당시 국민당의 권력은 좌파 왕자오밍의 손에 장악된 상태였고, 왕자오밍의 비호를 받은 공산당 세력의 성장은 우파의 불만을 자아내고 있었다. 랴오중카이는 국공합작의 주된 추진자로 우파의 불만이 그에게 집중되었다. 사건이 발생하자 소련고문 보로딘Michale Borodin과 왕자오밍은 이 기회를 이용하여 우파에 타격을 가하기로 결정하였다. 사건에 연루된 혐의를 받은 후한민은 유관 문제 협상의 명목으로 소련으로 방출되었으며, 우파 린썬林森, 쩌우루鄒魯는 외교선전의 명목으로 베이징으로 파견되었다.

왕자오밍은 정치적 야심이 큰 인물이었다. 이에 비해 현실적 실력을 갖추지는 못하였다. 그럼에도 쑨원 사후 당과 정부에서 중추적 지위를 차지할 수 있었던 것은 국민당의 원로라는 자산과 더불어 소련고문 보로딘의 적극적인 지지가 있었기 때문이었다.

소련의 신임을 얻기 위해 왕자오밍은 중공 세력의 확장을 방관하고 나아가 장려하는 입장을 취하였다. 랴오중카이 사후 군관학교 당대표를 맡은 뒤에는 공개적으로 학생들에게 공산주의와 마르크스주의 선전책자 및 공산당의 출판물을 읽도록 권하기도 하였다. 군관학교 내 공산당 활동을 적극 장려하는 왕자오밍의 태도는 장제스의 불만을 자아냈다.

본시 용공容共을 찬성하지 않았던 장제스는 보로딘과 왕자오밍이 합세하여 공산당 세력의 확장을 적극 추진하는 데 대해 적지 않은 우려를 하였다. 천청陳誠 등이 손문주의학회孫文主義學會를 조직하여 좌파학생들이 조직한 중국청년군인연합회中國靑年軍人聯合會와 적극 투쟁을 벌일 때 장제스가 이를 방관한 것도 공산당 세력의 확장을 우려하고 있었기 때문이었다. 북벌을 강력히 주장한 것도 공산당 세력에 의해 층층이 포위된 광저우의 복잡한 환경에서 탈피하려는 의도가 없지 않았다.

9월 28일 장제스는 동정 총지휘에 임명되어 10월 1일 출정식을 거행하였다. 10월 15일 천중밍의 본거지인 후이저우를 점령한 뒤 계속 진군하여 광둥 동부지역을 공고히 하는 데 성공하였다. 당시 전투에 동원되었던 군관학교 학생대學生隊는 풍부한 실전경험을 쌓아 이후 북벌전쟁 승리의 밑거름을 마련할 수 있었다. 그는 동정을 마치고 12월 31일에야 황푸에 귀환하였다.

장제스와 한인韓人의 직접적인 인연은 황푸군관학교를 매개로 시작되었다. 장제스는 제국주의 타도를 목표로 모든 피압박 약소민족과 공동으로 분투하라는 쑨원의 유훈을 받들어 다수의 한국 청년을 군관학교에 받아들였다. 1926년 전후 황푸군관학교에 입학한 한국 학생들의 상당수는 당시 상하이에서 군관학교에 필요한 각종 물자의 구입 및 신입생 모집을 책임지고 있었던 천궈푸의 소개를 통해 입교하였다.

군관학교 개교 2주년 기념식이 거행된 1926년 6월 16일은 4년 전 천중밍 휘하 부대가 쑨원이 머물고 있던 총통부를 공격한 날이기도 하였다. 이날 정오에 거행된 기념식 중 내빈축사에 대한 답사에서 "군관학교 제1기 학생 470명 중 한국 학생은 1명에 불과하였다. 지금은 한국과 안남安南 학생을 포함 1백여 명의 동방 피압박민족 학생들이 교육을 받고 있다"고 군관학교 내 한국 학생에 대해 짤막하게 언급하였다. 이는 황푸군관학교와 한국과의 관계를 최초로 언급한 사례였다.

    장제스가 황푸군관학교의 한국 학생을 낱낱이 기억했을 리는 없었을 것이다. 그러나 여타 약소민족 출신에 비해 다수인 한국 학생들에 대해 관심을 가졌을 것으로 보인다. 3기생이 입교하기 이전까지 황푸군관학교에는 한국 학생이 없었던 것으로 알려져 있었다. 그런 점에서 상기 답사는 상당히 주목되는 내용이다. 당시 일본의 항의를 피하기 위해 황푸군관학교에 입학한 한인 청년의 상당수가 중국 이름을 사용하였다. 따라서 장제스가 언급한 1기생은 한인 청년이었지만 중국식 가명으로 입학하였을 것이다.

국민혁명군(북벌군) 총사령

1926년 1월 1일 국민당 제2차 전국대표대회가 광저우에서 개최되었다. 1월 6일 군사보고에서 장제스는 북벌을 강력히 주장하였다. 1월 16일에는 국민당 제2기 중앙집행위원회 위원에 당선되었다. 국민정부 군사위원회 의결을 거쳐 육군군관학교가 중앙군사정치학교로 개편되어 1월 19일 교장에 임명되었다. 1월 22일 열린 중앙집행위원회 제1차 전체회의에서 중앙상무위원에 추대되었다. 이로써 국민당 핵심의 일원으로 위상이 높아지게 되었다.

2월 2일 저녁 손문주의학회와 중국청년군인연합회 간부 연석회의를 주재하였다. 이는 날로 첨예화되어 가고 있던 군관학교 내 좌우익 학생 간의 충돌을 완화시키려는 의도에서 마련된 자리였다.

육군군관학교 성립 후 학생들이 조직한 중국청년군인연합회는 공산당이 침투하여 공산주의를 선양하는 조직으로 변질되었다. 이에 일부

광저우국민정부 성립기념식(1925. 7. 1)

학생들이 손문주의학회를 조직하여 대항하였다. 랴오중카이 암살사건이 발생하자 중국청년군인연합회는 앞장서서 후한민, 다이지타오, 쩌우루 등 국민당 우파에 대한 공격을 진행하면서 공공연히 국민혁명의 목적은 공산혁명에 있다고 주장하여 손문주의학회가 이에 대해 반박하는 상황이 연출되었다.

이어 중국청년군인연합회는 조직을 확대하여 혁명청년연합회로 개편하였다. 이와 거의 동시에 상하이, 베이징 등지에도 손문주의학회가 조직되었다. 그해 겨울에 서산회의파가 상하이에 별도로 구성한 중앙집행위원회가 현지의 손문주의학회와 결합하여 반공反共 활동을 전개하자 혁명청년연합회는 손문주의학회에 대한 공격을 더욱 강화하였다.

군관학교 당대표인 왕자오밍 등 11명이 모인 2월 2일 회의에서는 네 가지 사항이 결의되었다. 첫째, 두 조직의 간부는 상호 상대 단체에 회원으로 가입할 수 있다. 둘째, 두 단체의 군관학교와 당군 내 활동은 반드시 교장 및 당대표의 지도를 받아야 한다. 셋째, 단장 이상의 고급 지휘관은 당대표를 제외하고 두 단체에 가입할 수 없다. 넷째, 두 단체 회원 간에 분쟁이 발생할 시에는 교장 및 당대표가 해결한다. 그러나 이 의결사항이 준수되지 않아 이후로도 군관학교 내 좌우익 학생 간의 갈등과 충돌은 계속되었다. 좌우익 학생들 간의 충돌을 완화시키기 위해 1926년 4월 7일 군관학교 내 모든 소조직을 취소하도록 명령하였다. 이에 4월 16일과 4월 21일 혁명청년연합회와 손문주의학회는 해산을 선포하기는 했으나, 쌍방의 투쟁은 결코 멈추지 않았다.

3월 20일 중산함사건이 발생하였다. 장제스는 광저우에 긴급계엄령을 내리고, 병력을 파견하여 소련고문을 감시하도록 하고, 고문단 경위대의 무장을 해제시키는 등의 조치를 취하였다. 3월 23일 군사위원회에 사건의 경과를 보고하고 "창졸간에 발생한 사건을 처리하느라 사전에 보고하지 못한 죄에 대한 처벌을 자청"하였다.

3월 22일 장제스는 국민당 중앙정치위원회 임시특별회의에 출석하여 시국 문제에 관해 논의하였다. 회의에서는 "소련 동지들과 계속 합작하되 업무상 의견이 맞지 않는 자와는 결별하고 다른 고문을 초빙한다, 왕자오밍이 병가를 청하여 탄옌카이譚延闓가 국민정부 주석을 대리한다" 등의 몇 가지 사항을 의결하였다. 4월 3일에는 국민당 중앙에 군대정리와 당기黨紀확립 및 북벌을 건의하였다.

1917년 9월 광저우에 호법군정부를 조직한 이래 쑨원은 기회가 있을 때마다 북벌을 시도하였다. 그러나 다음해 5월 군정부가 개조되어 상하이로 떠나기 전까지 쑨원의 1차 북벌사업은 후난의 일부 지역에 진출하는 데 그쳤다. 이후 1920년 천중밍의 도움으로 재차 광저우에 발판을 마련한 쑨원은 1922년 초까지 북방의 돤치루이, 장쥐린張作霖과 3각동맹을 결성하고 북벌을 진행, 직예파를 타도하려 시도했으나 곧이어 천중밍의 반란으로 좌절되었다.

　1923년 또 다시 광저우에 근거를 마련한 쑨원은 1924년 가을 돤치루이, 장쥐린과 연합하여 북벌을 시도했으나 이번에는 광저우상단의 반란으로 중지되었다. 당시 국민당은 국공합작을 채택한 지 얼마 되지 않은 때라 광저우의 상황이 안정되지 않아 소련과 중공은 북벌에 대해 모두 반대하는 입장을 취하였다. 그럼에도 1925년 9월 소련고문 갈렌Galen과 1926년 보로딘은 국민당의 정치공작은 그 중심을 우한武漢의 창장 유역으로 이전할 필요가 있다는, 곧 북벌의 필요성을 인정하는 주장을 제기하기도 하였다.

　1926년 1월, 제2차 동정이 성공적으로 진행 중일 때 장제스는 제2차 전국대표대회에 출석하기 위해 전선에서 광저우로 귀환하였다. 대표대회에서 "이제 혁명 근거지 광둥의 통일이 거의 실현되어 혁명의 기초가 점차 공고해지고 있으니 중원으로 군사를 몰아갈 필요가 있다"고 제안하였다.

　대표대회에 제출한 북벌 주장은 통과되지 못했지만 그는 이를 포기하지 않았다. 2월 24일 국민정부는 양광兩廣통일위원회를 성립하였다. 이에 장제스는 조정북벌대계早定北伐大計, 응원서북국민군안應援西北國民軍案을 제출했으나 역시 채택되지 않았다. 3월 18일 황푸군관학교 회의에 참석한 그는 또다시 북벌을 강력하게 주장하였다. 당시 회의에 참석했던 소련군사고문단장 키산카Kissanka는 이에 맞서 북벌필패론을 주장하였다.

한편 2월 21일부터 2월 24일까지 베이징에서 특별회의를 개최한 중공은 각 방면에서 광둥정부의 북벌을 준비하기로 결정하였다. 당시 친국민당적인 국민군이 직봉연합군에 의해 베이징에서 축출된 상태였다. 더불어 직봉연합군은 광둥에 대한 공격을 준비하고 있었다. 중공 역시 광둥 측이 속히 북벌을 개시하여 국민군의 위기를 타개하기를 주장했던 것이다.

그러나 당시 중국을 시찰 중이던 소련사절단의 일원인 부브노프Alexandre Bubnov 등은 북벌에 찬동을 표하지 않았다. 3월 초 소련사절단이 상하이에 도착했을 때 천두슈陳獨秀가 나서 부브노프를 설득했지만 성공하지 못하였다.

장제스는 북벌 문제를 매듭짓고자 두 차례나 국민정부 주석 왕자오밍을 방문하여 외국인의 손에 혁명의 주도권이 장악되는 것을 막기 위해 키산카의 철환撤還을 제의하였다. 그러나 왕자오밍은 오히려 이러한 사실을 키산카에게 알렸을 뿐만 아니라 장제스에게는 속히 광저우를 떠나도록 암시하기까지 하였다.

광저우 위수사령을 겸하고 있던 장제스는 1926년 3월 20일 새벽 자신의 좌함座艦인 중산함이 밤새 엔진을 끄지 않고 불을 밝히고 있음을 음모로 간주하여 광저우에 계엄을 선포하였다. 동시에 해군대리국장 리즈룽李之龍 및 각 군 당대표를 맡고 있는 공산당원을 체포하고 중산함을 접수했으며, 소련고문단의 주택을 포위하였다. 아울러 부대를 파견하여 공산당이 장악하고 있던 성항파공위원회省港罷工委員會의 무장을 해제시켰다.

3월 22일 국민당 중앙정치위원회에서는 키산카 등 장제스와 의견이 맞지 않는 소련군사고문을 귀국시키고 리즈룽은 즉시 구속하되 소련과의 합작은 계속하기로 결정하였다. 이후 왕자오밍은 병을 핑계로 은거하였다가 5월 11일 비밀리에 프랑스로 향하였다.

외견상 중산함사건이 어느 정도 마무리된 1926년 4월 3일 장제스는 중앙집행위원회에 「정군숙당극기북벌안整軍肅黨剋期北伐案」을 제출하였다. 5월 15일에 소집된 국민당 제2기 2중전회中全會에서는 「정리당무안整理黨務案」을 제출하였다. 「정리당무안」은 국공합작시기 국민당의 영도지위를 긍정하는 구체적 문헌으로 다음과 같이 총 8항으로 구성되어 있었다.

① 공산당은 당원들에게 국민당에 대한 언론 태도를 개선하도록 훈령을 내려야 한다. 특히 총리 및 삼민주의에 대해서는 비평이나 회의懷疑하는 일이 없어야 한다.
② 공산당은 국민당 내 모든 공산당원의 명부名簿를 국민당 중앙집행위원회에 넘겨 주석이 보관하도록 한다.
③ 중앙당부 각 부 부장은 필히 이중 당적자가 아닌 사람이 맡아야 한다.
④ 국민당적을 가진 자는 당의 허가가 있지 않은 이상 국민당 명의의 당무회의를 소집할 수 없다.

⑤ 국민당적을 가진 자는 최고 당부의 명령이 없는 한 별도의 조직행동을 할 수 없다.
⑥ 중국공산당 및 코민테른이 국민당 내 공산당원에게 하달한 일체의 훈령 및 책략은 응당 사전에 국공연합회의를 통과해야 한다.
⑦ 탈당 허가를 받지 않은 국민당원은 타당에 가입할 수 없다. 혹 이미 탈당하여 공산당에 가입한 자는 이후 국민당에 재입당할 수 없다.
⑧ 이상 각 항의 규정을 위반한 당원은 당적을 취소하며 범한 죄의 정도에 따라 처벌한다.

이 제안을 토론한 회의에서는 원안에 거의 일치하는 결정을 내렸다. 이어 중전회에서는 선언을 통해 북벌을 실행에 옮기기로 하였다. 이 제안들이 쉽게 중전회를 통과할 수 있었던 것은 중산함사건 이후 공산당이 일시적인 후퇴정책을 펼친 데서 원인을 찾을 수 있을 것이다.

장제스는 중산함사건을 통해 행동으로 국민당 내의 중공과 소련고문단 세력을 진압하였다. 이후 후퇴정책을 펼친 중공은 더 이상 북벌에 반대하지 않았다. 이때 중공이 북벌에 반대하지 않은 이유는 아마 장제스가 서둘러 북벌을 감행하려는 목적과 유사한 데 있었을 것이다.

당시 장제스는 하루속히 중공과 소련이 장악중인 광저우에서 벗어나고자 하였다. 중산함사건 후 중공이 북벌에 찬동을 표한 것도 반공으로 입장을 선회하기 시작한 장제스의 견제에서 벗어나고자 함이었을 것이다. 따라서 5월 중순 개최된 국민당 제2기 2중전회는 아무런 이견 없이 북벌안을 통과시켰다.

장제스는 4월 16일에 열린 국민당 중앙집행위원·국민정부위원 연석회의에서 군사위원회 주석에 추대되었다. 한편 왕자오밍이 병가를 청하자 탄옌카이가 국민정부 주석 및 중앙정치위원회 주석을 대신하였다. 아울러 장런제가 국민당 중앙집행위원회 상무위원회 주석을 대신하였다. 장제스와 밀접한 관계에 있는 이들이 당·정의 핵심을 차지하여 일시 당권과 군권, 정권이 일치되었다.

국민혁명군 총사령 취임 시의 장제스(1926. 7. 9)

6월 4일 장제스는 국민당 중앙집행위원회 상무위원회 결의를 통해 국민혁명군 총사령에 임명되었다. 그는 다음날 담화를 발표하여 국민정부의 군대를 진정한 혁명군으로 양성하여 국민혁명을 완성하는 것을 당면 목표로 제시하였다. 장제스는 6월 11일 국민당 중앙조직부장에 임명되어 당내 기반이 날로 굳건해져갔다. 7월 5일에는 국민당 중앙군인부장에 임명되어 국민혁명군 및 군사기관의 당대표 임면권을 행사할 수 있게 되었다. 다음날 참모, 부관, 비서 등 16개 단위로 편성된 국민혁명군 총사령부가 성립되었다.

7월 9일 국민혁명군 북벌서사식 및 국민혁명군 총사령 취임식이 광저우 동자오창東校場에서 거행되었다. 장제스는 당일 발표한 연설에서 "북벌완성이라는 총리의 못다 이룬 꿈을 완성하기 위해 생명을 걸고 책

우창 공략을 준비 중인 국민혁명군(1926. 9)

임을 다할 것"을 다짐하였다.

국민혁명군의 북벌서사식이 거행되기 전 북벌전쟁은 이미 시작되어 7월 11일 탕성즈唐生智가 이끄는 국민혁명군 제8군이 창사를 점령하였다. 장제스는 7월 13일 장런제에 이어 중앙집행위원회 상무위원회 주석에 취임하여 국민당의 실질적인 영도자로 위상이 높아지게 되었다. 북벌 중임을 감안하여 주석직은 당분간 탄옌카이가 대리하기로 결정되었다. 광둥 전역을 7개 경비구역으로 나누고 각 구마다 계엄사령을 두는 등 후방 근거지 공고화작업을 마무리한 뒤인 7월 27일, 북벌 군사를 직접 지휘하기 위해 북상하였다.

국민혁명군이 9월 6일에는 한양漢陽을, 9월 7일에는 한커우漢口를 점

국민혁명군의 우한 점령을 축하하는 후한민의 편지(1926. 9. 10)

령하여 혁명 중심이 주강珠江 유역에서 창장 유역으로 옮겨갔다. 이에 장제스는 9월 9일 장런제, 탄옌카이 등에게 전보를 보내 국민정부위원 및 국민당 중앙상무위원들이 우한에 주재하며 군정대계를 처리하는 것이 좋겠다고 건의하였다. 이는 '우한으로 천도'를 제안한 것으로 여겨져 후일 정치 분쟁의 씨앗으로 작용하였다.

그는 9월 18일 다시 장런제, 탄옌카이에게 전보를 보내 군사지휘를 위해 장시로 진격할 예정임을 밝히고, 본인 부재 시 정치 문제 진행을 위한 필요에서 중앙에서 속히 우한에 사람을 파견하여 정치위원회를 조직할 것을 건의하였다. 이에 호응하여 당일 중앙정치회의는 우한에 정치회의분회를 조직하기로 결의하였다. 10월 8일 우창 점령에 성공하였다. 그러나 난창南昌 공략은 여의치 않아 한때 성성省城을 점령했지만 곧 퇴각하였다. 10월 12일 난창성 밖에 당도하여 진지를 시찰하고 독전하였다.

1926년 7월 황푸군관학교 교육장 팡딩잉方鼎英은 장래 우한에 군관학교 분교 설립을 건의하는 전보를 장제스에게 보냈다. 그해 10월 북벌군이 우한을 광복시키자, 10월 22일 국민당 중앙집행위원회와 국민정부에 중앙군사정치학교의 명칭을 당립黨立 육군군관학교로 환원하고 우한에 분교를 설립하여 교내 정치과를 우한으로 이설할 것을 청하였다. 이는 장래의 형국에 대비하여 정치인재를 널리 양성하기 위해 제안한 것이었다.

같은 날 중앙당부와 정부기관은 여전히 광저우에 두되 집행위원회는 우한으로 이전하든지, 아니면 정부는 광저우에 두고 중앙당부는 이전하는 것이 좋겠다는 의견을 제시하였다. 이는 우한 점령 후 정세의 변화에 맞추어 신속한 당무발전을 도모하기 위한 제안이었다.

이전 양호서원兩湖書院 자리에 우한분교가 들어서자 황푸 제5기 정치과 학생들을 옮겨 교육시키기로 하는 동시에 전국적으로 신입생을 선발하였다. 여기에 특별반이 설치되어 한국 학생들을 받아들였고, 2백 명에 가까운 인원이 교육을 받았다. 이로써 우한은 일시적으로 독립운동에 뜻을 둔 한국 청년들의 활동 중심이 되었다.

중국군의 교관 혹은 군관학교 학생으로 우한에 머물던 진공목, 진갑수, 박시창, 권준, 백득림 등의 한국 청년들은 '유악한국혁명청년회留鄂韓國革命靑年會'를 조직하였다. 이들은 제국주의 타도를 위해 중국혁명공작에 동참할 것을 선언하고, 국민당 중앙에는 청년회를 국민당 청년부의 하급조직으로 인정해줄 것을 요구하기도 하였다.

1927년 7월 15일 우한정부를 이끌던 왕자오밍이 공산당과의 평화적인 결별을 선언하자 학생들의 일부는 공산군으로, 또 일부는 북벌군 부대로 흩어지고 우한분교는 자연스럽게 폐쇄되었다. 우한분교에서 공부하던 한국 학생들도 각지로 분산되었다. 그 가운데 일부는 광저우로 남하하여 중산대학中山大學에서 공부하던 한국 학생들과 함께 1927년 12월 발생한 광저우기의에 참가하여 약 140명이 희생되었다.

11월 8일 국민혁명군 제3군이 난창을 점령하자 다음날 난창에 진주하였다. 11월 12일에는 중앙정치회의에 장시임시정치회의 성립을 알리고, 주페이더朱培德를 대리주석위원에 지명하였다. 한편 국민정부는 이전 문제를 논의한 끝에 11월 16일 쑨커孫科(1895~1973), 쑹쯔원宋子文 및 보로딘 등 60명의 조사단을 우한으로 파견하기로 결정하였다. 11월 19일 재차 장런제, 탄옌카이에게 전보를 보내 당과 정부의 위신을 제고하기 위해 중앙당부와 국민정부를 속히 우한으로 이전할 것을 청하였다.

1926년 10월 10일 국민혁명군이 우한을 점령하자, 다음달 8일 국민당 중앙정치회의는 중앙당부와 국민정부를 우한으로 이전하기로 의결하였다. 이에 따라 12월 5일 국민당에서 중앙당부와 국민정부는 더 이상 광저우에서 업무를 보지 않는다고 선포하고 각 기관의 인원은 광저우를 출발하였다. 국민정부와 중앙당부 인원들은 12월 7일과 12월 11일 두 차례에 나누어 북상하였다.

첫 번째 무리에 속했던 쑨커와 쑹쯔원은 12월 10일 우한에 도착하였다. 두 번째 무리에 속해 북상했던 인원 가운데 일부는 난창에 도착하였다. 이들은 국민정부가 이미 우한으로의 천도를 결정했기에 하루나 이틀 뒤에 후베이로 이동하여 12월 15일부터 우한에서 업무를 개시할 예정이었다. 그러나 우한에 먼저 도착해 있던 인원들이 12월 13일에 일방적으로 우한임시연석회의 성립을 선포하고 최고직권을 행사하였다.

이에 반발하여 난창에 머물고 있던 중앙위원들은 연석회의를 갖고 시국에 맞는 대정방침을 정하였다. 당시 회의에 참석한 일부 국민당 중앙집행위원과 국민정부 위원들은 우한의 발전 형세에 대해 상당한 우려를 표시하고, 잠시 난창에 머물며 시국의 추이를 지켜보기로 결의하였다. 우한 방면에서 난창에 머물고 있는 위원들의 이동을 부단히 요구하면서 이른바 '우한천도를 둘러싼 분쟁'이 격화되기 시작하였다. 천도 문제는 점점 확대되어 장제스를 중심으로 한 난창 진영, 보로딘과 쉬첸徐謙을 중심으로 한 우한 진영 간의 권력투쟁으로 비화되었다.

1927년 1월 3일 저녁 8시 국민당 중앙정치회의 제6차 임시회의가 국민혁명군 총사령 난창행영에서 열렸다. 주요 의제는 우한과 난창 중 어느 곳을 중앙당부와 국민정부의 주재지로 정할 것인가 하는 것이었다. 우한에서 회의 참석차 난창에 도착한 쑹쯔원, 천궁보陳公博 등은 군사비 마련이라는 재정적 관점에서 우한으로 천도할 것을 주장하였다. 장제스는 군사적 관점에서 난창에 정부와 당을 두는 것이 마땅하다고 주장하였다. 최종적으로 정치와 군사 발전의 편리를 위해 중앙당부 및 국민정부는 잠시 난창에 두고 우한에는 정치분회를 설립하며, 3월 1일 난창에서 제2기 3중전회를 열어 주재지를 확정하기로 의결하였다.

1월 11일 중앙당부와 국민정부 이전 문제를 논의하기 위해 난창을 출발하여 우한으로 향하였다. 다음날 오후 우한에 도착하여 저녁에는 환영연회에 참가하였다. 이 자리에서 보로딘은 중국국민당의 혁명운동은 노동자와 농민을 탄압하는 경향이 있으며, 장런제 등 당내 노회한 정객들을 비호하는 것은 혁명정신을 상실한 작태라며 공격하였다. 마지막에는 공산당에 반대하는 거동이 있어서는 안 될 것이라고 경고하여 상호 언쟁이 벌어졌다.

　1월 13일 우창을 출발한 장제스는 창장 건너 한커우에 도착하였다. 환영회와 국민당 후베이성 당부에서의 연설 등의 일정을 마친 뒤, 저녁에는 정부 주재지와 당·정 방침을 두고 보로딘과 의견을 나누었다. 우한에 일주일간 머무는 데 동의하고, 이후 난창으로 돌아가 중국국민당 중앙집행위원회 정치회의를 소집할 예정임을 밝혔다. 이에 대해 보로딘은 시간 절약 차원에서 난창에 머물고 있는 인원들이 우한으로 와 회의를 소집하는 것이 좋겠다는 주장을 굽히지 않았다. 난창에서 회의를 소집한다 해도 사흘의 준비 기간이면 충분할 것이라는 대답에 보로딘도 동의를 표하였다.

　장제스가 국민당 좌파와 공산당의 상왕 노릇을 하며 사사건건 발목을 잡는 보로딘에 대해 좋은 감정을 가졌을 리 없었다. 결국 난창으로 돌아간 뒤인 2월 26일 중앙정치회의를 소집하여 코민테른 중앙집행위원회에 보로딘의 철환을 요구하기로 결의하였다.

　1월 17일 중국국민당 중앙상무위원회 주석 신분으로 우한에 체류하고 있던 위원들과 난창에서 온 위원들을 모아 중앙집행위원회 임시회의를 소집하였다. 역시 천도 문제를 언급하며 창장 하류의 군사작전이 진행 중인 현재 국민정부는 난창에 두는 것이 마땅하며, 장차 난징南京을 점령하면 그곳을 수도로 정하는 것이 타당하다는 이유로 국민당 중앙당부를 잠시 난창에 두어야 할 필요성을 설명하였다.

더구나 난창에서 거행된 중앙정치회의에서 이미 동일한 결정을 내렸으니 우한임시연석회의 구성원들도 이를 따라야 할 것이라고 설득했으나 회의 참석자들의 지지를 얻지는 못하였다. 이에 우한 진영 내부 구성원 간의 모순이 쉽게 해결되지 않을 것임을 감지하고, 더 이상 자신의 주장을 강력히 내세우지 않기로 결심하였다.

우한에 국민정부와 국민당 중앙이 주재해야 한다는 우한임시연석회의 구성원들의 주장도 근거 없는 것은 아니었다. '우한으로 천도'는 본시 장제스가 1926년 10월 22일에 처음으로 제의한 바 있었다. 또 중국국민당 중앙집행위원과 국민정부위원 모두의 동의로 결정된 사안이기도 하였다. 따라서 군사상의 이유와 필요에 따라 난창을 중앙의 소재지로 정하자는 주장은 쉽게 받아들여지지 않았다.

재정적인 문제와 여론의 압박이 있는 데다가 한커우와 주장九江에서 발생한 사건으로 영국과의 외교적 갈등도 심화되자 당내 단결을 위해 천도 문제를 더 이상 고집하지 않기로 결심하였다. 이에 2월 8일 난창에서 정치회의를 소집하여 중앙당부와 국민정부를 우한으로 이전하기로 의결하였다. 다만 3월 1일 난창에서 소집하기로 예정되었던 제2기 3중 전회는 동남지역에서의 군사활동이 일단락된 뒤 다시 날짜를 정해 열기로 하였다. 2월 17일 한커우에서 열린 중국국민당 중앙연석회의에서는

「반혁명죄조례」를 제정하고, 장제스를 독재, 장런제를 혼용(昏庸)으로 규정하였다.

천도 문제를 둘러싼 갈등은 날이 갈수록 첨예화되었다. 우한에 체류하고 있던 국민정부위원과 중앙집행·감찰위원은 2월 21일 확대연석회의를 열고 중앙당부와 국민정부는 즉일로 우한에서 정식 업무를 개시한다고 결정하였다. 난창에서 소집하기로 예정되었던 제2기 3중전회도 우한에서 소집하기로 의결하였다. 이 소식을 접하고 분노한 난창 방면 인사들은 2월 23일 중앙정치회의 임시회의를 개최하여 중앙당부와 국민정부는 여전히 난창에 둔다고 의결하였다.

2월 24일 난창 방면에서는 천궁보를 우한에 파견하여 쑨커, 쑹쯔원 등에게 의결 내용을 통보하였다. 우한 방면 인사들은 이는 당을 분열에 이르게 하는 조치라며 강력히 반발하였다. 결국 3월 3일 난창에서 열린 중앙정치회의 제66차 회의에서는 중앙당부와 국민정부는 3월 6일 우한으로 이전하고, 3월 12일 제2기 3중전회를 소집한다고 의결하였다.

우한 방면에서는 난창에 머물고 있던 위원들을 제외시키고 예정된 3월 12일이 아닌 3월 10일에 제2기 3중전회를 개최하였다. 회의는 보로딘과 국민당 좌파세력이 장악한 가운데 3월 17일까지 열렸으며, '당권 제고', '군사독재 반대', '신군벌 타도'를 이유로 「당영도기관통일안」, 「혁명세력통일안」, 「국민혁명군총사령조례」 등의 안건을 통과시켰다.

이에 따라 군사위원회는 주석을 폐지하고 주석단 7인으로 구성하며, 국민혁명군 총사령은 중앙집행위원회에 책임을 진다고 결정하여 군사 영도자의 직권을 삭감하였다. 또 국민당 중앙군인부 철폐도 의결되었다. 이 모든 것은 장제스를 염두에 둔 결정이었다.

국민당의 내부 갈등으로 정국이 혼란한 상황에서도 북벌 군사작전은 순조롭게 진행되어 3월 21일에는 상하이, 3월 23일에는 난징이 국민혁명군의 수중에 들어왔다. 다만 난징 입성入城 직후 일부 선동가들에 의해 외국영사관과 기관에 대한 공격과 약탈이 자행되었다. 이에 미군 함정이 시내를 향해 함포사격을 가한 이른바 '난징사건'이 터져 외교적 문제가 발생하였다.

우징형

차이위안페이

장제스는 3월 26일 상하이에 도착한 뒤 3월 28일 난징사건에 대한 담화를 발표하였다. "국민혁명의 목적은 국제지위상의 평등을 추구하는 것이며, 중국을 평등하게 대한다면 어떤 나라든 우방으로 대할 것"이라는 점을 강조하였다. 3월 31일에는 외신기자 20여 명을 접견하고 "국민혁명군은 외국 교민들의 생명과 재산보호에 완전한 보호책임을 다할 것"임을 재천명하였다. 4월 4일에도 국민정부 명의의 성명을 발표하고 상하이 각국 영사관에 서한을 보내 "난징사건에 대한 모든 책임을 질 것"임을 약속하였다.

3월 28일 상하이에 머물고 있던 우징헝吳敬恒(1865~1953), 차이위안페이蔡元培(1868~1940) 등 중앙감찰위원들은 전체위원회 예비회의를 열었다. 이 회의에서는 우징헝이 제의한 공산분자 검거 초안을 의결하여 감찰위원 전체의 공결에 부치기로 하고 이 행동을 '호당구국운동護黨救國運動'으로 명명하기로 하였다. 4월 2일 차이위안페이가 주석을 맡은 중앙감찰위원 전체회의에서는 우징헝이 제출한 「공산당모반증거안」을 채택하고 중앙집행위원회에 긴급조치를 취할 것을 건의하기로 의결하였다. 이 조치는 각지에서 활동하고 있는 공산당 주요 인물들을 현지 치안기관에 통보하여 이들이 활동하지 못하게 감시와 감금을 집행하라는 내용으로, 우선 난징과 상하이에서 '청당淸黨' 활동을 시작하도록 하였다.

4월 1일 우한정부는 장제스의 국민혁명군 총사령직 면직을 결정하였다. 외신기자들과의 간담회 자리에서 "근자에 중국 연해와 내하內河에 열강의 함대가 출몰하고 열강의 육군이 중국 각 개항장에 가득하다. 열강의 군함과 군대는 중국의 존엄을 해칠 우려가 있다"고 하며 열강의 태도를 비난하였다. 당일 왕자오밍은 오랜 외유를 마치고 상하이에 도착하였다. 그는 4월 5일 천두슈와 연합선언을 발표 국·공 양당이 계속 합작할 것을 주장한 뒤 다음날 비밀리에 한커우로 향하였다.

4월 9일 난징에 진주, 각지에 흩어져 있는 국민당 중앙위원들에게 4월 14일 이전까지 난징에 집결할 것을 청하였다. 같은 날 중앙감찰위원 우징헝, 차이위안페이 등은 연명으로 「호당구국 통전」을 발표하고, 우한연석회의의 전횡에 대한 공격을 가하였다.

4월 12일 국민혁명군 상하이 주둔군이 상하이총공회 규찰대의 무장

난징국민정부

을 해제시키고 공산분자를 체포하면서 공산당 숙청이 본격적으로 시작되었다. 다음날 「청당포고」를 발표하여 각지의 군경기관이 공산분자 감시와 체포에 나서게 된 의의를 설명하고, 이로 인하여 국민당의 정책이 변하지는 않을 것임을 밝혔다. 4월 15일에는 참모총장 리지천李濟琛의 주도하에 조직된 광둥특별위원회가 공산당 숙청작업을 진행하였다. 4월 17일 중앙정치회의에서는 다음날부터 국민정부가 난징에서 공식 업무를 시작한다고 의결하였다.

　4월 18일 국민정부가 난징 정도定都를 선언하자 당일 「난징 정도를 옹호하는 통전」과 「난징 건도에 관해 전국 동포에게 고하는 글」을 연달아 발표하여 난징을 수도로 삼는 것은 총리의 유지를 실현한 쾌거임을 강조하였다. 난징 정도에 맞추어 4월 21일에는 군사위원회도 광저우에서 난징으로 이전하여 업무를 보기 시작하였다.

　5월 1일 난징 국민혁명군 총사령부에서 도강渡江 북벌작전 방안을 제정하였다. 창장 북안의 적 숙청을 목표로 한 작전계획은 국민혁명군을 세 방면으로 나누어 군사작전을 진행하는 것이었다. 이 작전계획에 따라 5월 5일 총공격령을 발포하였다. 이에 앞서 5월 2일 중앙정치회의에서는 「국민혁명군 총사령부 조직대강」이 수정, 통과되었다. 특임된 국민혁명군 총사령은 국민정부에 직속되어 작전군 전투 서열에 편입된 육·해·공군을 통할할 직권을 갖게 되었다. 장제스는 6월 8일 난징에 신설된 중앙당무학교 교장에 취임하였다.

첫 번째 하야와 복직

창장을 건넌 국민혁명군은 파죽지세로 북진하였다. 총공격령이 하달되기 직전 산시의 옌시산閻錫山이 삼민주의 신봉을 선포하고, 펑위샹馮玉祥도 시안西安에서 국민혁명군 제2집단군 총사령에 취임하여 혁명 진영의 위세가 더욱 강화되었다. 양저우揚州, 뤄양洛陽, 정저우鄭州, 쉬저우徐州를 차례로 점령하며 승승장구하던 국민혁명군은 7월 24일 쉬저우를 상실하는 좌절을 겪게 되었다. 장제스는 직접 지휘하기 위해 전선에 머물며 전력을 다했으나 쉬저우 탈환에 실패하였다. 실패의 원인을 검토한 끝에 8월 3일 책임을 지고 처분을 자청하기로 결심하였다.

이 와중에 허룽賀龍, 예팅葉挺 등이 폭동을 일으켜 난창을 점령하는 사건이 발생하였다. 이에 충격을 받은 우한국민정부 주석 왕자오밍은 8월 3일 각 방면에 통전하여 반공의 결심을 천명했으나 장제스를 토벌하겠다는 뜻은 굽히지 않았다. 8월 4일 허룽 등은 난창에서 퇴각하고, 다음날인 5일 우한국민정부는 공산당 숙청령을 하달하였다.

우한 방면의 동정군東征軍이 장시와 안후이安徽로 진격하면서 난징이 위협에 직면하였다. 난징과 상하이의 안전을 위해 부득불 창장 북안의 일부 국민혁명군을 남하시키면서 전선의 병력은 약화될 수밖에 없었다. 여기에다 쉬저우 탈환작전이 실패하면서 군심이 흔들리는 등 형세가 매우 험악해지고 있었다.

왕자오밍과 우한 방면의 군사 실력자 탕성즈는 장제스의 하야 없이는 단결도 있을 수 없다는 강경한 입장을 고수하였다. 특히 왕자오밍은 반공을 표명하였음에도 '도장倒蔣'이라는 모순된 주장을 펼쳤다. 이로 인해 리쭝런李宗仁 등은 우한 방면의 동정은 순전히 장제스를 목표로 한 것으로 인식하고, 장제스를 난징과 우한의 단결을 가로막는 장애로 간주하였다.

8월 12일 중앙집행·감찰위원 연석회의석상에서 리쭝런, 허잉친何應欽은 우한 방면과의 화의를 위해 대표를 파견할 것을 강력히 주장하였다. 이에 장제스는 당일로 국민정부에 국민혁명군 총사령 사직을 정식 요청한 뒤 상하이로 가 다음날 사직을 선언하였다.

9월 15일 우한과 난징 방면의 인사들이 난징 중앙당부에서 중앙집행·감찰위원 임시연석회의를 열었다. 회의에서는 중앙특별위원회를 조직하여 중앙집행·감찰위원 직권을 행사하도록 하고, 위원회는 1928년 1월 1일 예정된 제3차 전국대표대회 소집 시까지 존속시키기로 의결하였다. 장제스는 특별위원회 위원에 이름이 올랐으나, 일 년을 예정으로 장기외유에 나서기로 결심하였다.

9월 22일 시커우를 출발한 장제스는 다음날 오전 상하이에 도착하였다. 연일 방문객이 찾아와 그에게 복귀를 청했으나 더 이상 정치에 간여하지 않을 결심을 표시하였다. 9월 27일 외신 노스차이나데일리뉴스North China Daily News 기자와의 회견에서 요양 차 일본 고베에 머물고 있는 쑹메이링宋美齡의 어머니에게 결혼 승낙을 얻기 위해 다음날 일본으로 갈 예정임을 밝혔다. 아울러 항간에 무성한 정략결혼이라는 소문에 대해 "1921년 본부인과 이미 이혼했으며, 쑹메이링과는 5년 전 총리의 집에서 첫 만남을 가졌을 때부터 감정을 싹 틔우기 시작하였다. 이후 편지를 주고받으며 서로의 마음을 확인했고, 최근에 이르러 비로소 결혼을 약속하였다"고 해명하였다.

9월 29일 일본 나가사키에 도착한 장제스는 담화를 발표하였다. 일본 친구들을 만나 회포를 풀고 명사들을 두루 만나 의견을 청취하는 것 외의 특별한 목적은 없으며, 이후의 행동에 대한 계획도 아직 정해진 바 없음을 밝혔다. 그는 고베로 이동하는 도중 들렀던 기차역마다 훌륭한 시설을 갖추고 전등을 환히 밝힌 모습을 보고 일본의 경제 발전상에 상당한 감명을 받았다.

10월 3일 쑹쯔원의 안내를 받아 고베 아리마온천有馬溫泉에서 쑹메이링의 어머니를 만나 결혼을 허락받았다. 중도에 명승지를 두루 관광하고 쑨원이 생전 추앙했던 정치가 아키야마 사다스케秋山定輔를 예방한 뒤, 10월 23일 도쿄에 도착하였다. 당일 「일본 국민에게 고하는 글」을 발표하고 동아시아의 평화와 번영을 위해 중국과 일본 두 나라가 함께 노력할 것을 호소하였다. 이후 토야마 미쓰루頭山滿, 이누카이 쓰요시犬養毅 등

동맹회시기 중국혁명에 협조했던 쑨원의 일본 지인들을 예방하였다.

11월 5일에는 일본 수상 다나카 기이치田中義一의 사저에서 세 시간 가까이 중·일 관계와 동아시아의 전도를 주제로 대담을 나누었다. 왜 북벌에 급급한지를 묻는 다나카에게 "중국혁명의 목적은 중국통일에 있기에 속히 북벌을 완성하지 않으면 안 된다. 중국이 통일되지 않으면 동아시아의 안정을 꾀할 수 없다. 중국통일은 일본에게도 복된 일"이라고 답하였다. 중국통일이라는 말이 언급될 때마다 다나카의 안색이 변하는 것을 보고 그와의 담화에서는 아무런 결과를 얻지 못하였다고 자평하였다. 아울러 다나카의 태도로 보아 "중·일이 합작할 가능성은 희박하며, 일본은 중국혁명을 바라지 않기에 반드시 혁명군의 북벌을 방해할 것"이라고 예상하였다.

장제스는 생애 마지막 일본 방문을 마무리하고 11월 7일 도쿄를 출발, 요코하마와 고베를 거쳐 귀국길에 올랐다. 11월 10일 상하이에 도착한 장제스는 왕자오밍에게 당무黨務 등 문제를 논의하기 위해 조속히 회동할 것을 청하였다. 이에 호응하여 왕자오밍은 화해의 뜻을 표하고, 광저우에서 4중전회를 개최하자던 주장을 철회하였다. 11월 16일 광저우정치분회 주석 왕자오밍과 임시군사위원회 주석 리지천이 상하이에 도착하여 장제스, 탄옌카이 등과 국사를 논의하였다.

12월 1일 상하이에서는 장제스와 쑹메이링의 혼례식이 거행되었다. 장제스는 결혼 전날의 감상을 「우리의 오늘」이라는 글에 담았다. 그는 이 글에서 "이 세상에서 가장 존경하고 사랑하는 쑹메이링과의 결혼이 일생 중 가장 영광되고 유쾌한 일"이라고 밝히며, "결혼 후 안심하고 혁

쑹메이링과의 결혼사진
(1927. 12. 1)

명의 책임을 다할 수 있게 되어 혁명사업도 반드시 진보가 있을 것"이라는 기대를 숨기지 않았다.

12월 3일과 4일 상하이에서 열린 국민당 제2기 4중전회 예비회의에 연달아 참가하였다. 이 회의에서는 4중전회 개회 장소를 두고 난징과 광둥 방면의 의견이 엇갈려 시종 결론에 이르지 못하였다. 12월 8일 제3차 예비회의에 출석한 장제스는 「중앙 전체 집행·감찰위원에게 올리는 글」을 발표하여 당과 국가의 이익을 위해 확실하고 영구한 단결을 촉구하였다. 12월 10일 열린 제4차 예비회의에서는 왕자오밍 등 위원 11명의 제안으로 국민혁명군 총사령 복직안이 통과되었으며, 4중전회 정식회의를 난징에서 개최하기로 결정하였다. 당일 회의에서 공산당이 각지의 소련영사관을 정치활동의 기관으로 삼고 있는 상황을 이유로 혁명을 성공하기 전까지는 소련과 절교할 필요가 있다고 역설하고 절교안을 제출하였다. 왕자오밍이 동의하지 않았지만 반대할 이유도 찾지 못했기에 이 역시 회의에서 통과되었다.

장제스가 소련과의 절교를 선언하게 된 데에는 나름의 이유가 있었다. 리지천이 왕자오밍과 상하이로 떠나면서 광시성정부 주석 황사오홍黃紹宏에게 군정사무를 대리하게 하였다. 한때 우한국민정부의 편에 섰던 국민혁명군 제4군 군장 장파쿠이張發奎는 이 기회를 틈타 왕자오밍 지지를 선언하고 리지천 군대를 축출하며 반장反蔣을 시도하였다. 이에 리지천, 황사오홍의 직계 부대가 반격을 개시하자 장파쿠이는 광저우에 주둔하고 있던 주력을 이동시켰다. 이 틈을 노려 광저우에 잔류했던 예젠잉葉劍英의 교도단과 경비단 2천여 명이 12월 11일 공농연합군 수천 명과 합세하여 폭동을 일으켜 광둥소비에트정부를 성립하였다.

소식을 접한 장파쿠이는 황급히 영·프·일 군함의 도움을 받으며 반공을 개시하여 12월 13일 광저우를 탈환하였다. 그러나 사흘 사이에 민간인 천여 명과 중공당원 및 강압에 의해 폭동에 참가한 사람 등 5천여 명이 사망하였다. 당시 우한군관학교 출신과 중산대학에 재학 중이던 한국 청년들도 다수 희생되었다. 사건의 배후에 소련이 있음을 인지한 국민정부는 12월 14일 각지에 있는 소련영사관의 철수를 명하여 소련과의 절교를 공식선언하였다.

12월 15일 장제스는 상하이에서 기자회견을 갖고 혁명책임을 방기

하지 않을 것임을 선언하며 조만간 국민혁명군 총사령에 복직할 것임을 시사하였다. 12월 16일 허잉친 부대가 쉬저우를 탈환하였다. 다음날은 광저우사변의 원인을 제공한 장파쿠이와 밀접한 관련을 맺고 있어 여론의 질타를 받던 왕자오밍이 인퇴를 선언하고 재차 외유길에 올랐다.

1928년 1월 2일 국민정부는 장제스에게 속히 국민혁명군 총사령직에 복귀하여 북벌을 계속 지휘하라는 전보를 발송, 귀경을 재촉하였다. 다음날에는 쑨커, 린썬과 함께 증원된 국민정부 상무위원에 포함되었다. 1월 4일 상하이로부터 난징에 도착하여 정식으로 국민혁명군 총사령직에 복귀하였다.

1월 7일 장제스는 국민정부에 국민혁명군 총사령직에 복직하여 중앙이 부여한 직권을 계속 행사할 것임을 통전하였다. 이에 앞서 군령통일, 난징사건으로 인한 영국과의 대외교섭 해결, 북벌완성과 전국통일 등 이후의 정책방향을 정하였다. 이 무렵 중앙정치회의도 난징에서 회복되는 등 정치적 안정이 전면적인 북벌진행에 호재로 작용하였다.

1월 18일 중앙정치회의의 결의에 따라 국민혁명군 북벌전군全軍 총사령에 특임되었다. 마침 제2집단군 총사령 펑위샹, 북로 총사령 옌시산도 총사령의 지휘를 따르겠다고 통전하여 힘을 실어주었다.

1월 20일 국민정부는 북벌군 전투서열령을 반포하였다. 이에 따라 국민혁명군, 국민군연군聯軍, 북방혁명군 및 해군의 작전군, 항공군 전부가 북벌군조직에 포함되었다.

2월 1일 난징 국민당 중앙당부에서 중앙집행위원회 제4차 전체회의 예비회의를 주재하였다. 당일 회의에서 탄옌카이, 위유런于右任과 함께 전체회의 주석단에 추대되었다. 2월 2일부터 7일까지 열린 중앙집행위원회 제4차 전체회의에서는 국민정부 및 군사위원회 개조, 당무정리 근본계획, 혁명세력 집중을 통한 신속한 북벌 완성 등의 안건이 통과되었다.

인사 방면의 의결 결과 중앙집행위원회 상무위원, 군사위원회 주석, 국민정부위원에 임명되었다. 1월 중순 이미 국민당 중앙조직부장까지 겸하였다. 3월 7일에는 국민당 최고의결기구인 중앙정치회의 주석(탄옌카이 대리)에 추대되어 명실상부 당·정·군의 중심 위치를 차지하게 되었다.

2월 13일 국민정부 주석 탄옌카이에게 효과적인 북벌진행을 위해 허잉친이 지휘하던 북벌군 제1로군을 국민혁명군 제1집단군으로 개편하고 본인이 총사령을 겸할 것을 청하였다. 2월 16일에는 카이펑開封에서 펑위샹 등과 군사회의를 갖고 북벌대계를 논했는데, 이때 그는 펑위샹과 의형제를 맺었다.

2월 23일 국민정부 군사위원회 전체회의가 열려 군사위원회 정식 성립을 선언하고 주석에 취임하였다. 중앙정치회의는 2월 28일 북벌전군 총사령이 제1집단군 총사령을 겸하고, 펑위샹과 옌시산을 제2·제3집단군 총사령에 임명하여 북벌전군 총사령의 지휘를 받도록 결정하였다.

3월 31일 「북벌 출발에 즈음하여 후방 장사將士와 동지들에게 고하는 글」을 발표하여 상호단결을 호소하고 북벌을 독려하기 위해 쉬저우에 진주하였다. 다음날 「전국 민중에게 고하는 글」, 「북방 동포에게 고하는 글」, 「북방 장사에게 고하는 글」, 「해외동포에게 고하는 글」, 「우방 인사에게 고하는 글」 등을 연달아 발표하여 국민혁명의 당위성과 북벌통일의 결심을 만천하에 알렸다.

4월 4일 북벌대전이 개시되자 세 방면으로 나누어 적군에 대한 총공격을 개시하였다. 제2기 북벌전쟁의 개시에 맞추어 국민당 중앙집행위원회는 「북벌선언」을 발표했고, 총사령 명의로 「출정사」를 발포하여 각 군에 공격명령을 통령하였다. 4월 8일에는 리쭝런이 국민혁명군 제4집단군 총사령에 임명되어 북벌혁명군은 완전한 진용을 갖추게 되었다.

4월 17일 쉬저우 전선에서 국민정부 외교부에 전보를 보내 외국교민 보호에 진력할 것임을 표시하고, 그 뜻을 각국 영사관에 통보해줄 것을 청하였다. 공교롭게도 다음날 일본은 교민보호를 이유로 칭다오에 군대를 파견하고, 그 이유를 밝힌 「산둥출병 성명서」를 발표하였다. 4월 20일 일본 해군이 칭다오에 상륙하고, 육군은 지난濟南에 도착하였다. 이는 국민혁명군의 북벌에 무력으로 개입하여 중국통일을 막으려는 일본의 술책이 노골화된 것이었다.

외교부가 4월 21일과 4월 26일 두 차례에 걸쳐 엄중한 항의를 제출했음에도 불구하고 일본군은 지난에서 철수하지 않았다. 5월 1일 국민혁명군 제1집단군이 지난을 점령하자, 일본군은 지난 시내에 엄중한 경비망을 구축하였다. 장제스가 지난에 진주한 다음날인 5월 3일, 일본군은 국민혁명군에 대한 선제공격을 가하고, 외교부 교섭원 차이궁스蔡公時와 무고한 군민을 참살한 '지난참안濟南慘案(5·3참안)'을 도발하였다.

장제스는 국민혁명군의 북벌을 방해하려는 일본의 음모를 간파하고 물리적 충돌을 극력 피하고자 하였다. 이에 국민혁명군은 지난을 우회하여 북진을 계속하도록 지시하고, 참모 슝스후이熊式輝를 파견하여 일본군 제6사단장과 교섭을 벌이도록 하였다. 이후 치욕을 무릅쓰고 일본군이 제출한 정전 조건을 받아들이는가 하면, 대일 문제에 있어 잠시 부저항 태도를 보이기로 결심한 것도 북벌통일이라는 목적을 이루기 위한 전략적 후퇴였다.

외교부의 항의에도 불구하고 일본군은 지난을 완전 점령하였다. 국민정부는 국제연맹에 지난사건의 전말을 보고하고 이사회의 소집을 요청하는 한편, 미국과 영국에도 사절을 파견하여 진상을 보고하는 등 외교적 노력을 다하였다. 그러나 일본은 미국 및 기타 외국이 조정調停에 나서는 것을 거절하고 중·일 양국의 직접교섭을 주장하였다.

지난참안(5·3참안) 기념비

5월 17일 산동에 제3차 출병한 일본은 다음날 "전쟁이 베이징과 톈진天津으로 확대되거나 그 영향이 만주까지 미칠 시에는 부득이 적절하고 유효한 조치를 취하지 않을 수 없다"는 내용의 중요각서를 국민정부와 장쭤린에게 제출하였다.

일본 해병대가 저장성 원저우溫州에 상륙하고, 타이안泰安에 폭탄을

장쉐량

투하하는 등 일본의 도발이 더욱 거세어졌다. 외교부는 5월 29일 일본의 중요각서를 반박하고 "적절한 방법으로 동삼성東三省의 치안 문제를 해결할 것이며, 외국인의 안전을 지키기 위해 국민정부는 책임을 다할 것"임을 성명하였다.

일본의 방해와 간섭에도 국민혁명군의 북벌전쟁은 순조롭게 진행되었다. 5월 31일 제1집단군이 바오딩保定을 점령하자 베이징은 큰 혼란에 빠졌다. 6월 2일 장쭤린은 베이징에서 퇴출하여 본거지인 동북으로 향하다 6월 4일 황구툰皇姑屯에서 폭사하였다. 6월 8일 제3집단군이 베이징에 입성하였다. 이로써 1926년 7월 9일 광저우에서 북벌출정식을 가진 뒤 우페이푸, 쑨촨팡孫傳芳에 이어 장쭤린까지 북양 3대 군벌을 소멸시킨 북벌대업이 완성되었다.

다음날 장제스는 북벌 군사작전이 일단락되었음을 이유로 국민혁명군 총사령과 군사위원회 주석직에서 물러날 것을 청했으나 받아들여지지 않았다. 6월 20일 중앙정치회의에서는 즈리성直隸省을 허베이성河北省으로, 베이징을 베이핑北平으로 개명하도록 하고, 베이핑과 톈진을 특별시로 정하였다.

장쭤린 사후인 7월 4일 아들 장쉐량張學良(1901~2001)이 동삼성 보안총사령에 취임하여 동북의 실권을 장악하였다. 7월 6일 장제스는 펑위샹, 옌시산, 리쭝런 등 3총사령 및 문무관원과 함께 벽운사碧雲寺 쑨원의 영전에서 북벌 군사작전의 성공을 알리는 제전을 거행하였다.

　장제스가 베이핑에 도착하자 장쉐량은 대표를 파견, 국민정부의 편에 서기 위한 전제조건을 제시하였다. 그러자 일본 수상 다나카는 주중공사 하야시 곤스케林權助를 통해 장쉐량에게 국민정부의 편에 서지 말라고 압력을 가하여 중국의 평화적 통일을 방해하고자 하였다.

국민정부 주석 취임과
군사 권력의 공고화

북벌완성의 시대적 변화에 맞추어 향후 국가 건설의 대계를 결정짓기 위해 국민당은 1928년 8월 8일 제2기 5중전회를 소집하였다. 장제스는 이날 회의에 출석하여 "당은 어느 한 사람의 것이 아니고, 국가도 한 사람의 것이 아니다. 당과 국가가 나를 필요로 한다면 어떠한 개인적 희생을 치르더라도 결코 그 책임을 마다하지 않을 것"이라는 요지의 시국의견을 발표하였다. 이는 곧 국가를 책임질 의향과 결심이 있음을 선언한 것이나 다름없었다.

그날 저녁 국민정부 주석이 행사할 권력범위를 정리하여 정부를 영도할 결심을 사실상 굳혔다. 공교롭게도 이날 일본 수상 다나카는 하야시 곤스케를 통해 장쉐량에게 국민정부에 귀순하지 말 것을 경고하였다.

8월 14일 속개된 국민당 2기 5중전회에서 장제스는 중앙정치회의 위원에 피선되었다. 그날 회의에서는 쑨원의 유훈에 따라 「훈정시기약법」

政時期約法」을 반포하고, 「건국대강建國大綱」에 의거하여 입법·행정·사법· 고시·감찰 5원院을 설립하기로 의결하였다.

9월 3일, 지난 1월 말 쑨커와 함께 유럽 고찰에 나섰던 후한민이 상하이에 도착하였다. 그는 외유 중이던 6월 3일 파리에서 탄옌카이에게 전보를 보내 제2기 5중전회에 「훈정대강」안을 대신 제출해주기를 청하였다. 여기에는 '정치회의강령'과 '국민정부조직강령' 양대 항목이 포함되어 있었다. 귀국 후에는 「훈정대강제안설명서」를 발표하여 5원 설립의 원칙과 그 제도를 상세히 설명하기도 하였다.

장제스와 후한민은 9월 4일 상하이에서 만나 당무, 정치, 군사 문제에 대해 의견을 나누고 단결 통일에 의견을 같이하였다. 정치적 합작을 공개화한 두 사람은 훈정실시와 더불어 역할을 분담하고 쌍두마차로 중국을 이끌어갔다.

9월 26일에는 국민당 중앙정치회의에 출석하여 「국민정부조직법」을 제안했었는데, 출석위원 전원의 의견 일치로 다음의 두 가지 원칙을 확정하였다. 첫째, 국민정부 아래 각자 독립된 5원을 설립하고 상호충돌 발생 시 국민정부 위원이 조정한다. 둘째, 국민정부 주석은 육해공군 총사령을 겸한다. 두 번째 원칙은 전적으로 장제스를 염두에 두고 확정한 것이었다.

10월 8일 국민정부는 「중화민국국민정부조직법」을 공포하였다. 같은 날 중앙상무위원회 의결에 따라 장제스는 국민정부 주석에 추대되었다. 이로써 당·정·군 권력을 한 손에 장악한 절대 권력자로 자리잡게 되었다. 이 외에 탄옌카이, 후한민, 왕충후이王寵惠, 다이지타오, 차이위

국민정부 주석 취임 직후의 장제스(1928. 10. 10)

안페이가 각각 행정·입법·사법·고시·감찰원장에 임명되었다. 10월 10일 국민정부 주석과 신임 각 위원 및 5원 원장이 국민당 중앙당부에서 취임선서식을 거행하였다. 취임 직후 국민정부 주석 신분으로 「전국 민중에게 고하는 글」을 발표함으로써 훈정실시 개시를 공포하고, 중화민족이 갖추어야 네 가지 요소로 체력·덕성·상식·문화를 강조하였다.

11월 5일 미국무장관 켈로그Frank B. Kellogg는 중화민국정부를 무조건 승인한다고 공식 발표하였다. 12월 29일 장쉐량이 청천백일만지홍기靑天白日滿地紅旗를 국기로 받들고, 삼민주의를 준수하고 국민정부에 복종할 것을 선언하여 중국의 통일이 이루어졌다.

북벌전쟁이 막바지에 이른 1928년 7월 2일 국민당 중앙당부에서 총리기념주 행사가 열렸다. 당시 허잉친의 보고에 따르면 국민혁명군은 84군, 약 300개 사단에 병력은 228만 명 이상에 달하여 매달 군비로 최소 6천만 원이 지출되었다. 군사위원회와 총사령부는 80개 사단, 120만 명 수준으로 병력을 감축하여 군비 지출을 전국 재정 수입의 6할 수준으로 감소시키기를 바란다고 하였다. 이보다 앞서 장제스는 6월 26일 국민정부회의에서 재병裁兵선후위원회를 설립, 병력 감축 문제를 논의할 필요성을 제기하여 의안이 통과되었다.

12월 19일 중앙당부에서 행한 연설에서도 "유럽대전 시 각국은 수백만의 병력을 동원했으나 전쟁이 끝나자 즉시 군대의 몸집을 줄였다. 소련도 혁명시기 병력이 450만에 달했으나 혁명이 성공한 뒤 50만으로 감축하였다. 아국의 세출 가운데 군비가 7, 8할을 차지하여 국가 건설에 투자할 여력이 없다"고 하며 훈정시기 국가 건설에 필요한 재력과 인력 확보를 위해 병력을 감축할 필요성이 있음을 재차 역설하였다.

병력 감축에 관한 구체적 방안을 논의하기 위해 1929년 1월 1일 국군편견회의國軍編遣會議가 난징에서 개최되었다. 하지만 이날은 개막식의 성격이 짙어 병력 감축에 관한 구체적 논의가 진행되지는 않았다. 1월 5일 편견위원회 위원장 자격으로 편견회의 제1차 회의에 출석하여 제2·제3·제4집단군 총사령 펑위샹, 옌시산, 리쭝런과 함께 쑨원 영전에서 "총리의 유훈에 따라 재병구국을 실행할 것이며, 본회의 모든 결의를 준수할 것"을 선서하였다.

구체적인 병력 감축이 논의되기도 전 이미 리지천 등이 반대의 뜻을 표시하여 난관이 예상되었다. 1월 25일 국민정부는 「국군편견위원회진행정서대강國軍編遣委員會進行程序大綱」을 공포하고, 가능한 한 2월 2일 이전에 편견위원회를 정식으로 성립하여 실제적인 병력 감축 방안을 논의하기로 하였다.

편견위원회의 목표는 1928년 말을 기준으로 230만 명인 군인을 육군의 경우 65개 사단, 80만 명 수준으로 감축하여 군비가 국가 총수입의 4할을 초과하지 않도록 하는 것이었다. 구체적으로 전국을 7개 편견

국군편견위원회대회 폐막식 기념(1929. 1. 25)

구로 나누어 편견을 실시하기로 했으나 문제는 계획대로라면 편견 실시 후 중앙, 곧 장제스 휘하의 병력이 펑·옌·리의 병력을 합한 것보다 많아진다는 것이었다.

계획대로라면 펑위샹 부대는 최소 절반 이상을 감축해야 하였다. 반면 옌시산 휘하의 병력은 오히려 약간 증가하게 되었다. 이에 펑위샹은 우선 장교를 감축한 뒤 사병 감축을 시행할 것, 북벌과정에서 중앙에 새로 흡수된 병력을 우선 감축할 것을 요구하였다. 리쭝런과 리지천은 펑위샹의 의견에 동조했고, 옌시산도 펑의 눈치를 보느라 같은 입장을 취하였다.

2월 2일 편견위원회 상무위원 등이 취임하고, 2월 15일에는 제1·제

2·제3·제4편견구編遣區 판사처 주임이 임명되어 편견 업무가 속도를 더해 갔다. 그러나 3월 9일 리쭝런이 국민정부 위원직 사퇴를 통전하고, 3월 13일에는 펑위샹이 군정부장 사직을 통전하는 방식으로 병력 감축 논의에 대한 불만을 우회적으로 표시하였다.

국민당 제3차 전국대표대회가 개막한 3월 15일에 각 총사령, 지휘 및 집단군 명칭을 취소하기로 한 편견회의 의결안을 준수하여 국민혁명군 총사령부 및 제1집단군 총사령부를 당일로 철폐하였다. 동시에 중앙과 제1편견구 판사처를 설립하였다. 아울러 여타 집단군 총사령부와 해군 총사령부 등도 일률적으로 철폐하고, 편견구 판사처가 즉시 정식 업무를 개시할 것을 지령하여 편견에 반대하는 일부 장령들에 대한 압박을 강화하였다.

병력 감축에 대한 불만은 리쭝런을 위시한 광시 출신 군사 실력자들의 무력시위로 이어졌다. 결국 국민정부는 3월 26일 리쭝런, 리지천, 바이충시白崇禧 등에 대한 면직 처분을 내리기에 이르렀다. 다음날 3차 전국대표대회 회의에서는 상기 세 사람의 당적 박탈을 의결하였다. 장제스는 리쭝런 등에 대한 토벌령을 하달하고 군사작전을 지휘하기 위해 직접 주장에 진주하였다.

4월 초 중앙군이 우한을 점령한 뒤에도 반중앙 군사활동을 중지하지 않은 리쭝런은 5월 5일 '호당구국군 총사령'을 자칭하고 반란을 확대시켰다. 리쭝런의 반중앙 군사활동에 영향을 받은 펑위샹의 부하들도 펑을 '호당구국서북군 총사령'에 추대하고 반란에 가담하였다. 5월 23일 중앙상무위원회는 펑의 당적 박탈을 의결하였다. 옌시산이 중앙 편에 선 것은 그나마 다행이었다.

정제스는 서북 방면 펑위샹 반란군에 대한 군사전략을 구체화시키기 위해 6월 25일 직접 베이핑에 진주하였다. 한편으로 펑에게 혁명을 위해 공동으로 노력할 것을 권하는 편지를 보내 사태를 평화적으로 해결하고자 하는 성의를 보이기도 하였다. 베이핑에 체류 중이던 7월 7일에는 장쉐량의 예방을 받고 첫 번째 만남을 가졌다.

편견회의 결정에 대한 불만으로 반중앙 군사활동이 전개되고 있었음에도 8월 1일 국군편견실시회의가 개막되어 8월 6일 폐막되었다. 장제스는 개막식에 참석하여 "병력 감축은 영예요, 다수의 병력을 계속 거느리는 것은 치욕"이라는 취지의 개회사를 하였다. 8월 18일에는 「편견 실시에 즈음하여 해외교포들에게 보내는 글」을 발표하여 병력을 감축하려는 근본적인 이유는 인민의 부담을 줄이기 위해서이고, 다른 한편으로 국가 건설을 준비하기 위해서라는 취지를 설명하였다.

10월 10일 펑위샹 휘하의 장령 쑹저위안宋哲元 등 27명이 편견에 반대한다는 통전을 발표하고, 허난河南과 산시에서 반란을 일으켜 허난 서부지역으로 진격하였다. 다음날 국민정부 주석 명의로 「전국의 장사들에게 고하는 글」을 발표하고 서북 반군에 대한 토벌령을 하달하였다. 펑위샹 군대의 토벌을 독려하기 위해 한커우에 진주한 10월 28일, 국민정부는 확실한 중앙의 우군으로 삼기 위해 옌시산을 육해공군 부총사령에 임명하였다.

서북 반군에 대한 총공격이 개시되고 얼마 지나지 않은 11월 5일 리쭝런도 광시에서 반중앙 군사활동을 본격화하였다. 이로 인해 중앙군은

중원대전 발발 전 펑위샹, 장제스, 옌시산(왼쪽부터)

남북에서 동시에 반군을 맞아 싸우는 어려운 국면에 처하였다. 더구나 이즈음 중동철도中東鐵道 문제로 소련과의 분쟁이 발생하여 비행기와 탱크를 앞세운 소련군이 만저우리 등지를 점령하는 등 내우외환이 동시다발적으로 발생하여 국민정부는 큰 위기에 처하였다. 중앙군 내부에서도 서북 반군 토벌의 책임을 맡은 제5로군 총지휘 탕성즈가 정저우에서 반란을 일으켜 서북군과 한통속이 되는 변고가 발생하였다.

반군 토벌 군사작전은 해가 바뀐 1930년에도 계속되었다. 설상가상으로 1월 10일 옌시산이 공동 하야를 청하는 전보를 보내와 시국이 크게 요동쳤다. 장제스는 이에 군심과 민심을 안정시키기 위해 1월 14일

담화를 발표하여 "난국 타개를 위해 끝까지 노력을 다하고 분투할 것이며, 결코 압력에 굴복하여 인퇴하지 않을 것"임을 분명히 하였다.

서북 반군 장령들은 3월 15일 옌시산을 '중화민국 육해공군 총사령', 장쉐량과 리쭝런을 '부총사령'에 추대한다고 통전하여 사태를 더욱 확대시켜 나갔다. 이 와중에 옌시산과 펑위샹은 베이핑에 군정부 조직을 계획하고 대표를 파견하여 각국 공사들의 의향을 타진하였다. 북벌전쟁에 동참했던 4개 집단군 가운데 제1집단군을 제외한 세 개의 집단군 총사령이 연합하여 반중앙 군사활동을 전개한, 중화민국사상 최대의 내전으로 꼽히는 '중원대전'의 막이 오르게 되었다. 반중앙 군사활동이 전개됨과 동시에 천궁보 등 반장反蔣 성향의 정치인들도 활동을 전개하여 국민정부를 더욱 곤혹스럽게 하였다.

5월 1일 옌시산이 타이위안太原에서 중화민국 육해공군 총사령에 취임하였다. 같은 날 펑위샹과 리쭝런도 각기 통관潼關과 구이핑桂平에서 부사령 취임식을 가졌다. 소식을 접한 장제스는 당일로 옌시산과 펑위샹 토벌을 명하고 "정의의 이름으로 반군을 토벌하여 국가와 인민을 지킬 것"을 서약하는 출정사를 발표하였다.

중앙군과 반군이 일진일퇴의 공방전을 벌이고 있을 무렵, 전쟁의 승패를 좌우할 최대 변수는 동북의 장쉐량이 어느 편에 서느냐 하는 것이었다. 북방의 옌·펑 연합 세력, 남방의 리쭝런 군과 동시에 전투를 벌이느라 정면 전장에서 쉽게 우위를 점하지 못하고 있던 중앙군은 장쉐량을 우군으로 끌어들이기 위해 모든 수단과 방법을 동원하였다. 6월 21일 국민정부는 장쉐량을 육해공군 부총사령에 임명하였다. 그뿐 아니라 우톄청吳鐵城(1888~1953)을 파견하여 장쉐량을 중앙 편에 서도록 설득하는 작업도 게을리하지 않았다.

반장 인사들이 주축이 되어 베이핑에서 성립된 '확대회의'에서는 9월 1일 「국민정부조직대강」을 공포하였다. 아울러 옌시산, 펑위샹, 왕자오밍 등 7인을 국민정부 위원에 임명하고, 옌시산을 주석에 추대하였다. 9월 4일 장쉐량은 확대회의가 추대한 국민정부 위원직을 거절하였다. 9월 18일 장쉐량은 중앙 옹호를 천명한 통전을 발표하고 휘하 군대를 입관入關시켰다. 9월 23일 장쉐량 휘하의 동북군東北軍이 베이핑을 접수하였다.

장쉐량이 중앙 옹호를 표명한 이후 전황은 급변하여 중앙군이 속속 중요 거점들을 접수하였다. 10월 13일 토역討逆 군사활동이 공식적으로 종료되었다. 작전에 참가했던 각 부대는 원래의 주둔지로 귀환하거나 혹은 각지의 공산당 토벌작전에 투입되었다. 10월 31일 옌시산과 펑위샹은 타이위안에서 하야를 선언했고, 왕자오밍은 톈진으로 몸을 피하였다. 반 년간 계속되었던 반장 군사활동이 종료되고 반장파 군사 실력자들이 줄줄이 하야를 선언하면서 장제스의 군사 권력은 더욱 공고해졌다.

내우외환의 격화와
두 번째 하야

중원대전시기 반장파의 정치적 후원세력을 자임했던 확대회의는 베이핑에서 '약법기초위원회'를 설립하였다. 후일 동북군의 베이핑 접수와 더불어 확대회의는 타이위안으로 옮겨 「타이위안약법」을 공포하였다. 이에 자극받은 장제스는 10월 3일 중앙집행위원회에 속히 제4차 전국대표대회를 소집하고 국민회의 소집을 공식화할 것을 건의하였다.

국민회의 소집은 쑨원이 1924년 북상 시 제출한 주장이며, 그의 유언에도 명시된 것이었다. 장제스는 국민회의라는 민의기관을 통해 국가 영도자로서의 합법적인 법통 지위를 확보하고자 하였다. 그러나 '총리의 주요 유훈이 곧 중화민국 훈정시기 최고 근본법'이라는 신념을 갖고 있던 입법원장 후한민은 별도의 「훈정시기약법」 제정에 반대하는 입장을 취하였다.

중원대전 후 정국을 논의하기 위해 개최된 국민당 제3기 4중전회는

1930년 11월 15일 국민회의를 다음해 5월 5일에 소집하기로 의결하였다. 후한민은 국민회의 소집에는 동의했으나, 국민회의가 총통 선출기구인 국민대회를 대신하는 것에는 반대하였다.

1930년 11월 24일 장제스는 탄옌카이 사후 공석이었던 행정원장까지 겸임하고, 12월에는 교육부 부장까지도 겸하면서 그의 위세와 권위는 최고봉에 달하였다.

후한민

1931년 2월 24일 장제스와 후한민은 약법 제정 문제를 두고 장시간 의견을 나누었다. 여전히 약법 제정에 반대한 후한민은 3월 1일 난징 근교 탕산湯山에 유폐되고, 국민정부 위원 및 입법원장 등 모든 본·겸직에서 강제로 사퇴하였다. 이를 '탕산사건'이라 칭한다.

장제스는 혁명원로를 자처하며 사사건건 자신의 의사에 반대하는 후한민의 행태에 대한 불만을 일기에 고스란히 표현하였다. 3월 1일에 쓴 일기에서 후한민과 보로딘을 언급하며 "이 두 간적奸賊을 만난 것은 일생 중 가장 불행한 일 가운데 하나이다. 보로딘은 국민혁명을 파괴하여 국가 건설을 가로막더니, 후한민은 국민당의 혁명사업을 방해하여 통일을 이루지 못하게 한다"고 강한 반감을 표시하였다. 3월 2일 중국국민당 중앙상무회의 임시회의에 출석, 국민회의를 소집하여 「훈정시기약법」 제정을 제안하여 통과시켰다.

후한민과 왕자오밍을 비롯한 광둥 출신 인사들은 자신들이 쑨원을 도

왕자오밍

와 중화민국 건국에 가장 큰 공을 세웠다는 자긍심이 매우 강하였다. 하지만 쑨원 사후에 저장 출신의 신진세력인 장제스의 세력이 날로 커지자 그들의 불만이 커져갔다.

그러던 차에 탕산사건이 발생하자 국민정부 문관장 구잉펀古應芬이 사직을 청하고, 사법원장 왕충후이, 철도부장 쑨커 등 광동 출신들이 여러 경로를 통해 불만을 표출하였다. 이 기회를 틈타 리쭝런과 바이충시 등 광시파가 나서 양광兩廣의 반장파를 연결시켜 또 한 차례 반중앙 활동을 전개하였다.

국민정부가 예정대로 국민회의 소집을 강행하자 덩쩌루鄧澤如 등 4명의 중국국민당 중앙감찰위원이 탄핵안을 제출하였다. 왕자오밍과 광동 군부도 이에 호응하여 사태가 확산되어 가고 있었음에도 5월 5일 국민회의는 예정대로 소집되었다. 5월 12일 국민회의에서「중화민국 훈정시기약법」이 통과되면서 난징정부를 향한 광동파의 불만은 극에 달하였다.

왕자오밍, 탕사오이唐紹儀 등은 연명으로 반중앙 통전을 발표한 뒤 광저우에 중앙집행·감찰위원회 비상회의(약칭 비상회의)를 성립하고, 이어 '국민정부' 성립을 선언하여 난징과 광저우에 두 개의 당과 정부가 병존하는 내분이 절정에 이르렀다. 광동 방면에서 '북벌군'을 조직하여 난징 국민정부 토벌에 나서고, 난징 방면에서도 이에 대응하여 물리적 충돌 직전까지 상황이 악화되었다. '9·18사변' 폭발로 인해 무력충돌로 확대

9·18사변 발생 후 선양 시내에 진입하는 일본군

되지 않고, 쌍방은 함께 국난을 헤쳐 나가자는 데 뜻을 같이하고 화해하였다.

'완바오산사건萬寶山事件'으로 인해 일본과의 관계가 매우 긴장된 상황에서도 최대 관심사는 공산당 토벌이었다. 7월 23일 전국 동포들에게 고하는 글에서 "외부의 적을 막기 전에 우선 내부를 안정시킬 필요"를 역설하여 이른바 안내양외 정책을 시정의 최우선 방침으로 확정하였다.

이 무렵 한커우 부근의 제방 붕괴로 인한 창장 대수해를 비롯하여 전국 17개 성에 1억 명의 이재민이 발생한 공전의 재난이 발생하였다. 이 와중에도 9월 3일 공산당 토벌령을 하달하여 장시 남부에 근거한 공산당 주력에 대한 토벌작전이 시작되었다.

여기에 8월 말 광저우 국민정부의 토벌령을 하달받은 '북벌군'이 후난으로 진격하여 또 한 차례의 내전을 피하기 어려운 상황에 처하였다. 공산당 토벌과 광둥 방면에 맞서 싸우느라 동분서주하던 차에 일본 관동군이 선양瀋陽을 점거한 9·18사변이 폭발하였다.

장제스는 군사작전 독려 차 난창에 도착한 9월 19일 낮에야 사변 발생 소식을 접하였다. 장쉐량으로부터 잉커우營口, 창춘 등지에서도 일본군의 도발이 동시다발적으로 진행되어 중국 군경의 무장이 해제되었다는 보고가 속속 도착하였다. 대일 방책을 모색하기 위해 급히 귀경을 서두르는 한편, 공산당 토벌작전에 투입되었던 부대에는 공격을 멈추고 지시를 기다리도록 조치하였다.

9월 19일 국민당 중앙상무위원회는 임시회의를 소집하여 응변應變의 대책을 상의하였다. 대외적으로는 국제연맹에 일본의 도발행위를 제소하고, 대내적으로는 국난을 맞아 단결을 호소하자는 원칙적인 결정이 내려졌다. 당일로 주국제연맹 대표 스자오지가 동북사변 발생 소식을 국제연맹에 보고하고 공정한 처리를 요청하였다. 다음날은 중앙집행위원회 명의로 광둥 방면에 통전하여 단결을 촉구하였다.

난징으로 귀환하는 도중 난국을 타개하기 위해 "내부 단결을 통한 통일이 최우선 과제이며, 왜구에 맞서는 외교적인 교섭에 치중한다", "국민들의 정신을 환기시켜 동삼성 탈환의 목표를 완성한다"를 기본 방침으로 정하였다. 9월 21일 오후에 난징에 도착한 즉시 간부회의를 소집하여 대책을 숙의하였다.

장제스는 회의석상에서 우선 9월 19일에 정한 처리 방침에 동의를 표시하였다. 아울러 스스로 정한 방침을 재확인하며 대일 문제는 외교적 경로를 통해 해결해야 한다는 점과, 내부 단결을 위해서는 자신을 비롯한 난징 중앙 간부들이 동시 퇴진해야 함을 주장하였다.

이 의견에 따라 당일 회의에서는 몇 가지 중요사항이 의결되었는데, 다음과 같다.

첫째, 대일 정책의 연구와 논의를 위해 특종외교위원회를 설립하고 외교적 노력을 계속한다.
둘째, 군사 방면에서는 일부 병력을 북상시켜 방비를 강화하고, 광동 방면 '북벌군' 대항 및 공산당 토벌작전은 잠시 중지한다.
셋째, 정치 방면에서는 광동에 대표를 파견하여 통일단결 방법을 논의한다.
넷째, 국민정부와 중앙당부에서 각기 「전국 군민軍民에게 고하는 글」을 포고하여 민심을 안정시키고 자위를 준비한다.

당일 광동 방면에서 '개인 독재 타도, 훈정실시의 여건 마련'을 이유로 장제스의 하야를 요구하는 전보를 보내왔다. 다음날 중앙감찰위원 우징헝, 고시원장 다이지타오와의 회동에서 자원하여 정권을 내놓을 뜻을 표시하였다.

10월 1일 쑹쯔원과 만나서도 "하야한 후에도 국기國基를 공고히 하기 위해 재야의 신분으로 계속 정부에 도움이 되는 일을 할 것"이라며 절대 자리에 연연하지 않을 것임을 시사하였다. 한편으로는 자신의 하야가

"왕자오밍이나 후한민처럼 악습을 되풀이하지 않는, 법을 지키는 미풍을 널리 선도하는 데도 도움이 될 것"이라며, 왕과 후에 대한 불만도 감추지 않았다. 인퇴는 9·18사변 이전부터 심각하게 고려했던 문제였다. 이미 8월 5일 전후 광둥 방면과의 화해를 위해 사직 문제를 고려하였다. 9월 15일에는 왕자오밍이 합작을 위해서는 형식상이라도 사직이 우선되어야 한다는 요구를 담은 편지를 보내왔다. 9월 17일에도 왕자오밍, 구잉펀 등 광둥 방면 핵심들이 장제스의 사직이 합작의 전제라는 전보를 보내왔다. 9월 18일 난창으로 향하던 중 제2기 4중전회에서 인퇴를 선언하기로 결심하였다.

일본의 도발은 10월 초에도 계속되었다. 일본 군함 4척이 상하이에 도착하여 무력시위를 벌였고, 진저우錦州에 폭탄을 투하하는가 하면, 일본 해병대가 친황다오秦皇島에 상륙하였다. 가능하면 군사적 충돌은 피하고 외교적 노력을 통해 사태를 해결하고 확산을 방지하고자 하는 중국의 노력도 이어졌다. 그 일환으로 국제연맹에 일본 제재에 대한 재의를 정식으로 요청하였다. 내부적으로는 광둥 방면과의 화의를 위해 후한민을 찾아가 용서를 비는 성의도 보였다.

중국이 국제연맹을 통한 외교적 교섭을 대일 방침의 기조로 설정했음에 비해, 일본은 중일 직접 교섭을 주장하며 「중일화평기본대강」을 제출하였다. 이에 대해 '절대 접수 불가'를 강조하며 다이지타오와 협의하여 역으로 「동아화평기본대강」 5항을 일본 측에 제출하기로 결정하였다. 그 핵심은 동삼성은 중국의 영토임을 명백히 밝히고, 문호 개방과 기회균등을 제시하는 것이었다.

10월 15일 광둥 방면에서 왕자오밍, 쑨커 등을 상하이에 파견, 화평회의에 출석하기로 해 갈등이 해소될 기미가 보이기 시작하였다. 국제연맹 이사회에서 11월 16일 이전까지 동북 각지를 침점한 일본군의 철병을 결정하였다. 아울러 미국무성도 일본의 만주 점령을 반대한다는 성명을 발표하는 등 외교적 노력은 어느 정도 성과를 보였으나 실제적인 효력을 발휘하지는 못하였다. 이 와중에 11월 10일 관동군 선양특무기관장 도이하라 겐지土肥原賢二는 톈진 조계에 머물고 있던 푸이溥儀(1906~1967)를 다롄으로 납치하다시피 하여 만주국 건국을 위한 시동을 걸었다.

만주국 괴뢰황제 푸이

10월 21일 광둥 방면 대표들이 도착하자 장제스는 다음날 상하이로 날아가 함께 입경할 것을 청했으나 왕자오밍 등은 이를 거절하였다. 10월 25일 난징 방면의 대표가 확정되면서 양측 인사들은 10월 27일부터 상하이에서 화평회의 예비회의를 시작하여 11월 7일까지 일곱 차례의 회의를 가졌다. 광둥 방면에서는 당·국의 분쟁을 해결하고 단결을 이루기 위한 일곱 가지 전제조건을 제시하였다. 그 가운데는 "국민정부 주석은 현역 군인이 맡아서는 안 된다", "육해공군 총사령직을 폐지한다" 등의 조항이 포함되어 있었다.

이에 장제스는 11월 2일 「상하이회담에 거는 기대와 희망」이라는 제목의 연설에서 광둥 방면의 요구 조건이 너무 많고 합작의 성의가 부족하다는 불만을 표시하였다. 하지만 왕자오밍과 후한민의 강경한 입장으로 예비회의의 주도권은 사실상 광둥 방면에서 장악한 상황이었다. 결렬을 막기 위해 장지 등 난징 방면 대표들은 양보를 건의하였다.

마지막 회의에서 가까스로 합의점을 찾았다. 난징과 광저우에서 각기 제4차 전국대표대회를 연 뒤 최종적으로 난징에서 4기 1중전회를 소집, 쌍방이 제출한 의안을 처리하는 동시에 정부를 개조하기로 합의하였다.

11월 9일 4전대회 문제를 논의하기 위해 열린 중앙집행위원회 임시회의에 출석하였다. 당일 회의에서는 국민당 제2기 4중전회 개최 이후 정치적 이유로 당적이 박탈되었던 왕자오밍 등 340명의 당적을 일률적으로 회복시킨다고 결정하였다. 이는 광둥 방면에 선의를 표시하기 위한 조치였다.

난징 방면에서는 11월 12일부터 23일까지 4전대회를 개최하였다. '당의 단결은 우리의 유일한 출로'라는 제목의 개막사에서 "이번 대회의 가장 중대한 사명은 내부 단결과 외욕外辱에 저항하는 방법을 모색하는 데 있음"을 강조하였다. 11월 23일의 폐막사에서는 개막사에서 언급했던 두 가지 사명을 다시 언급하고 "몸과 마음을 아끼지 않고 나랏일에 최선을 다하여 죽기까지 힘쓴다"는 주거량諸葛亮의 정신과 "정성과 충성을 다하여 나라에 보답한다"는 웨페이岳飛의 정신을 당원들의 공통된 좌우명으로 삼을 것을 부탁하였다.

광둥 방면의 4전대회는 11월 18일 개막되었다. 그러나 출석 대표 간

의견 충돌로 내부 분열이 발생하자, 11월 24일 쑨커 등은 회의 불참을 선언하고 상하이로 향하였다. 반면 그동안 상하이에 머물던 후한민은 광저우로 가서 새로운 정치활동을 준비하였다. 광둥 방면 4전대회 퇴석자들은 12월 4일과 5일 상하이에서 회의를 갖고 별도의 중앙집행·감찰위원을 선출하였다.

12월 11일 쑨커는 천밍수陳銘樞를 통해 하야가 전제되지 않으면 광둥 방면의 중앙위원들은 제4기 1중전회에 출석하지 않을 것임을 장제스에게 전하였다. 다음날 진퇴 문제를 논의하는 자리에서 우징헝과 다이지타오 등은 인퇴 반대를, 허잉친과 천밍수는 조속한 인퇴를 주장하였다. 장제스는 최종적으로 인퇴를 결심하고, 다음날 우톄청, 천밍수와 적당한 인퇴 시기 및 쑨커의 행정원장 취임 문제를 논의하였다.

12월 15일 장제스는 중국국민당 중앙상무위원회 임시회의에 출석하여 「모든 본·겸직에서 사직하며 중앙집행위원회에 올리는 글」을 발표함으로써 제2차 하야를 공식적으로 밝혔다. 당일 린썬이 대리국민정부 주석, 천밍수가 대리행정원장에 추대되었다.

12월 28일 난징에서 열린 국민당 제4기 1중전회에서 린썬은 정식으로 국민정부 주석에 선임되었다. 다만 이때부터 국민정부 주석은 실권이 없는, 명목상 중화민국을 대표하는 상징적 존재에 불과한 자리가 되었다. 장제스는 비록 정부에서 맡았던 본·겸직은 모두 사직했지만, 여전히 중앙정치회의 상무위원에 추대되었다. 다음날 고향에서 왕자오밍, 후한민이 함께 상무위원에 추대되었다는 소식을 접하고는 그들과 한 부류로 간주하는 것에 불만을 표시하였다.

일본의 침략에
맞서는 자세

1931년 12월 22일 국민당 제4기 1중전회 개막식에 출석한 직후, 장제스는 부인 쑹메이링과 곧장 고향으로 향하였다. 어머니의 묘소를 둘러본 뒤 휴식을 취하며 혁명 실패의 요인을 반성하였다. 이때 그는 당과 국가 원로들의 비협조로 소련 문제와 국민당 좌파 처리 문제에서 본인의 주장을 관철시키지 못한 부분을 실패의 가장 큰 요인으로 지목하였다.

군정부장 허잉친으로부터 왕자오밍과 후한민이 돌아가며 중앙정치회의 주석을 맡기기로 하였다는 전보를 받고도 "결코 당정 사무에 참여하지 않을 것이며 특히 왕자오밍, 후한민과는 함께 일할 수 없다"는 입장을 표시했는데 이는 원로파에 대한 불만의 표현이었다.

믿고 일을 맡길 수 있는 간부와 조직이 없었던 데다 정보도 부족하여 외교와 내정 등 안팎으로 적절한 대응을 하지 못했던 잘못도 스스로 반성하였다. 군사적인 부분에 있어서는 천청 등 후진의 성장과 발전에 만족을 표시했지만, 당무와 외교 방면 인재의 부족함을 절감하기도 하였다.

1932년 1월 1일 쑨커를 행정원장으로 하는 새 정부가 들어섰다. 그러나 쑨커 내각은 시작부터 삐걱거리기 시작하였다. 당정의 3거두라 할 수 있는 왕·후·장 세 사람이 모두 취임식에 불참한 것은 물론, 5원 원장과 부원장 10명 가운데서도 4명만이 출석하여 취임식이 예정보다 세 시간이나 늦게 시작될 정도였다. "당과 국가가 중심을 잃은 상황에서 어떻게 일을 처리해 나가야 할지 걱정이 태산"이라는 쑨커의 전보를 받고, 평소 그의 능력에 대해 회의적이었던 장제스는 내각의 앞날에 큰 우려를 표시하였다.

신내각의 취임식이 열리던 당일, 일본군은 진저우에 폭탄을 투하한 뒤 지상군에 공격령을 하달하여 진저우가 함락될 위기에 처하였다. 행정원 부원장 천밍수가 급박한 상황을 알리고 속히 입경하여 대계를 정할 것을 청하였다. 베이핑 수정공서 주임 장쉐량 또한 진저우를 위기에서 구할 방도를 청하였다.

1월 14일 장제스는 항저우에서 신문기자들과 담화회를 가졌다. 자신의 사직과 관련해서는 "책임을 지지 않으려 사직한 것이 아니라 독재자라는 악명을 듣기 싫어서 사직한 것"이라며 여전히 자신을 독재자라고 공격하는 후한민을 위시한 광둥 출신 인사들에 대해 불만을 표시하였다. 복직과 관련해서는 "일개 국민의 신분이지만 당과 국가를 위한 충심을 다할 것이다. …… 왕과 후 등 동지들이 먼저 입경하여 성심으로 합작하는 모습을 보여준다면 그 뒤를 따라 천직을 다할 것"이라고 답해 복직의 뜻이 없지 않음을 표명하였다. 다만 왕·후의 입경과 진심어린 합작 표시가 복직의 전제라는 점을 밝혔다.

쑨커 내각의 가장 큰 문제는 재정과 외교 부문에 있었다. 전년 12월 하순에 이미 병사들의 급식비 지급이 중단되었다. 이와 같은 재정적인 어려움에 처하자 국채상환 중지를 심각하게 고려하게 되었다. 외교적으로도 일본과의 국교단절까지 염두에 두어 긴장을 더욱 증폭시켰다. 장제스는 국가가 파산과 멸망의 위기에 처해 있다고 간주하여 입경을 결심하고, 왕자오밍에게 먼저 회동을 요청하였다.

장제스는 1월 17일 항저우에서 왕자오밍과 만나 오해를 풀고, 연명으로 후한민에게 "세 사람이 함께 입경하여 쑨커와 여러 동지들에게 협조하자"는 전보를 발송하였다. 쑨커에게도 두 사람의 회동 사실과 함께 "후 동지가 북상하면 함께 입경할 예정"임을 전하고, 시국 문제를 논의하기 위해 속히 항저우에서 만나기를 청하였다. 1월 18일 왕·쑨과 회합을 갖고, 당일 저녁 후한민의 응낙 여부에 상관없이 입경하여 쑨커 내각에 힘을 실어주기로 결정하였다. 그날 후한민은 "건강상의 이유로 당분간 북상할 계획이 없음"을 전하는 답전을 보내왔다.

장제스가 후한민의 북상 거절과 왕자오밍의 망설임에도 불구하고 입경을 결심한 것은 일본과의 국교단절이 초읽기에 들어간 상황을 고려한 것이었다. 입경하지 않으면 단교가 이루어지게 될 것이고, 일본과 단교하면 나라가 망하게 될 것이 뻔한 상황을 막아보고자 했던 것이다.

입경을 최종 결심한 20일 오후, 중앙감찰위원 우징헝과 고시원장 다이지타오에게 보낸 전보에서 "내일 입경할 것이나 특별한 주장은 없고 어떠한 공직도 맡을 생각이 없다. 다만 당과 국가를 위해 도의상의 책임을 다하고자 할 뿐"이라는 심경을 밝혔다. 같은 날 장쉐량에게 보낸 전보에서는 우징형 등에게 보낸 전보와 동일한 내용과 함께 "다가오는 음력설은 고향에서 보낼 것"이라는 내용을 담아 장기간 난징에 머물 생각이 없음을 분명히 밝혔다.

난징에 도착한 다음날인 1월 22일, 일본 해군함 대사령관 이와자와 고로이치鹽澤幸一는 상하이시에 항일단체 해산과 배일排日운동 단속을 요구하였다. 이보다 앞서 1월 20일 상하이에서는 일본 낭인이 자국 승려 피살을 이유로 중국인 공장을 습격하여 불사르는 일이 발생하였다. 일본 교민들은 중국에 대한 강경조치를 강력히 요청했고, 일본 군함과 해병대가 출동하는 등 긴장이 고조되어가고 있었다.

1월 22일 오후, 장제스는 국민당 동지들과 회동하여 대일외교 및 재정 등 여러 문제를 논의하였다. 이 자리에서 군정부장 허잉친은 전방의 공산당 토벌작전 상황에 대해, 상하이 시장 우톄청은 일본인들의 폭동 상황에 대해, 입법원부원장 탄전覃振은 최근의 외교상황에 대해 각각 보고하였다. 보고를 받은 장제스는 여러 상황에 대해 종합 의견을 제시하였다. 결론적으로 "외교 문제는 국내통일이 우선되지 않으면 해결하기 쉽지 않다. 광둥 방면이 확실하게 중앙에 힘을 실어준다면 대내, 대외 문제가 모두 쉽게 해결될 수 있을 것"이라며 내부 단결의 필요성과 중요성을 재차 강조하였다.

1월 25일 행정원장 쑨커가 취임한 지 한 달도 되지 않아 사직하였다.

여러 사람들이 직접 상하이까지 찾아가 사직을 만류하고, 장제스도 직접 편지를 보내 귀경을 재촉했으나 쑨커는 끝내 회답을 하지 않았다. 이에 행정원장직을 오래 공석으로 남겨둘 수 없어 왕자오밍에게 "속히 조각하여 국가사무를 처리해 달라. 어떠한 자리도 원치 않지만 최선을 다해 돕겠다"는 간곡한 뜻을 전하였다.

한편 사직 당일 쑨커는 상하이에 도착한 뒤 외부와의 접촉을 끊어버렸다. 쑨커의 행태에 대해 "직무를 유기한 채 당과 국가의 안위에는 전혀 관심을 보이지 않는 것은 스스로 인격을 훼손하는 것이자 총리의 혁명 역사를 훼멸하는 것"이라며 강한 불만을 표시하였다.

1월 28일 오전에는 국민당 중앙정치회의에 출석하여 회의 주석을 맡았다. 이 회의에서는 일본과의 단교 및 소련과의 복교復交를 추진하던 천유런陳友仁 대신 뤄원간羅文幹에게 외교부장을 맡기기로 결의하였다. 오후에는 왕자오밍을 방문하여 '적극 저항, 교섭 준비'의 외교방침을 제안하고 왕의 찬동을 얻었다. 이 자리에서 왕이 행정원장 자리에 뜻이 있음을 밝히자, 밤중에 임시정치회의를 소집하여 행정원장 임명안을 통과시켰다.

공교롭게도 거의 비슷한 시간 상하이에서는 일본군이 중국군을 습격하고 자베이閘北를 강점한, '상하이사변上海事變'이라고도 불리는 '1·28사변'이 발생하였다. 사변 발생 소식을 접한 그는 "왜구와 사생결전을 벌이는 방법밖에 없다"고 하며 군사적 대응을 신중하게 고려하였다.

1월 29일 국민당 중앙정치회의는 임시회의를 열고 군사위원회 설립을 의결하였다. 장제스는 펑위샹, 허잉친, 리쭝런, 주페이더 등과 함께 군사위원회 상무위원에 당선되었다. 직후 린썬, 왕자오밍, 허잉친 등 군정요인들과 긴급회의를 갖고 전방의 상황을 엄밀히 주의하기로 결정하였다. 전황보고를 청취한 뒤 "정부를 뤄양으로 옮기고 일본과 결전을 벌이자"고 제안했는데, 린과 왕이 이에 찬동하자 심야에 정부 이전을 최종 결정하였다.

1·28사변 발생 당시에 징후京滬(난징과 상하이) 일대는 제19로군의 방위범위였다. 일본군의 도발이 있자 제19로군 총지휘 겸 경호위수사령장관 장광나이蔣光鼐, 제19로군 부총지휘 겸 군장 차이팅제蔡廷鍇 등은 대응방법을 청하였다. 이에 군정부장 허잉친과 참모총장 주페이더를 통해 제19로군 장령들에게 위로의 말을 전하는 한편 "가능하면 직접적인 충돌을 피하라. 그럼에도 일본군이 무리하게 침범해 올 경우 어떠한 희생을 치르더라도 극력 저항하여 국가방위의 책임을 다하라"는 대응방안을 제시하였다.

다음날은 각지의 군사 지휘관과 군관학교 교관 및 학생들에게 "동북사변 발생 후 중앙은 전쟁의 확대를 막고 평화를 지키기 위해 치욕을 참아왔다. 상하이사변 발생 전에도 저들의 무리한 요구를 받아들였으나 적들은 또 다시 도발을 감행하였다. 비록 현재는 재야의 신분이나 여러 장사들과 생사를 같이하여 주어진 책임을 다하고자 한다. 위기에 처한 나라를 구하기 위해 언제라도 출정할 준비를 갖추라"는 내용의 밀전密電을 보냈다.

1월 30일 허잉친, 주페이더 등과 회합을 갖고 난징 방위계획을 확정한 뒤, 뤄양으로 향하는 린썬과 왕자오밍을 푸커우浦口까지 호송하였다.

충분한 논의 끝에 이루어진 결정이었지만, 정부 주석과 행정원장 등 주요인사들이 수도를 벗어난 사실이 알려지면 민심과 군심이 흔들리지 않을지 염려하며 푸커우에서 하루 유숙한 뒤 다음날 북상하였다.

쉬저우, 카이펑을 거쳐 2월 3일 뤄양에 도착하여 왕자오밍, 리지천, 펑위샹 등과 군정과 외교 등 사무를 논의하였다. 2월 5일에는 정저우를 순시하였다. 부근의 지세가 험하여 적의 비행기와 대포도 무용지물이 될 정도임을 확인하고 서북으로 천도할 필요성을 강조하였다.

2월 8일 정저우에서 병력이동과 군량준비 등의 문제를 논의하였다. 이날 저녁 우쑹吳淞, 자베이를 공격하던 일본 해병대를 대파하였다는 보고를 받았다. 중국군의 첫 번째 대첩이었지만 이 승리는 "아군의 전투력이 왜군보다 뛰어나서가 아니다"고 냉정하게 중·일 쌍방의 전투력을 분석하였다.

2월 18일 이른바 '동삼성 독립운동'을 적극 추진하고 있던 일본은 조만간 만주국을 성립할 예정임을 밝혔다. 그날 오전 일본군 참모장과 제19로군 대표가 중일문화협회에서 사전 회동을 가졌다. 저녁에는 일본군 사령관 우에다 겐키치植田謙吉와 차이팅카이가 만나 정전 문제를 논의하였다. 저녁 8시 일본군은 중국 측에 정전조건을 발송하였다. 상하이 밖 20킬로미터 지역으로 중국군의 퇴각, 우쑹포대 철거, 중국군 퇴각 후 일본군 시찰대가 상황을 확인하고 만족할 만한 경과가 있은 뒤에 일본군은 조계로 철수, 중국군 철수 시 일본군은 비행기를 동원하여 상황 시찰 등이었다.

보고를 접하고 "이는 최후통첩에 다름 아니다. 쌍방이 철병하기 전

어떠한 조건도 달아서는 안 된다"며 일본의 정전조건을 받아들여서는 안 된다고 주장하였다. 이에 계속 결전의 의지를 담은 편지를 보냈으나, 왕자오밍은 화전의 뜻을 내비쳤다.

3월 1일 증파된 일본군의 대대적인 공격으로 정면 전장에서 다수의 사상자가 발생하자, 다음날 타이창太倉 방면으로 후퇴를 지시하였다. 이에 민간에서는 지원군이 부족하여 국군이 패퇴하게 된 것이라며 정부에서 절대적인 책임을 져야 한다는 비난의 소리가 높아갔다.

정부와 장제스에 대한 비난 여론이 비등한 가운데, 3월 4일 국민당 제4기 2중전회 예비회의는 장기저항과 군사의견 정리의 필요에서 군사위원회에 위원장직을 신설할 것을 결정하였다. 3월 5일 제4기 2중전회 회의에서는 뤄양을 행도行都로 삼고, 시안을 시징西京으로 정하기로 의결하였다. 이 소식을 접한 장제스는 국도國都의 근거가 마련되어 장기저항 계획이 비교적 쉽게 실시될 수 있게 되어 다소간의 안위를 얻었다.

3월 6일에 열린 제4기 2중전회 회의에서는 장제스를 군사위원회 위원장에 추대하기로 의결하였다. 어떠한 자리도 맡지 않기로 했던 본인의 뜻과는 다른 결정이기에 접수를 거절했으나 상황은 여의치 않았다. '일면교섭, 일면저항'의 기본방침을 정하고 대일 제2기 작전방안을 결정할 즈음, 국민당 중앙집행위원회는 "군령통일 없는 군대지휘가 용이하지 않다. 집사(필자 주 - 장제스를 칭함) 없이는 군대의 사기진작이 불가하다. 국가를 위해 신중한 선택을 바란다"며 장제스의 위원장직 수락을 종용하였다.

제1사·제4사 등 부대를 난징으로 이동시켜 수도방위를 강화하고 견고한 방어진지 구축을 지령한 3월 13일, 왕자오밍과 주페이더 등과 회동하였다. 이구동성으로 속히 위원장직 취임을 청하자, 당일 저녁 "위원장에 취임해야만 중국의 멸망을 막을 수 있을 것이고, 치욕을 씻고 부흥을 기약할 수 있을 것"으로 자신하고 취임을 결심하였다. 다음날 국민당 중앙정치회의 담화회에서 취임을 공개적으로 표명하였다. 중의에 따라 참모본부 참모총장직도 겸하기로 하였다.

군사위원회 위원장 취임을 공식적으로 표명한 3월 14일, 국민정부 외교차장 궈타이치郭泰祺와 일본공사 시게미쓰 마모루重光葵 및 영·미·프 공사가 상하이 영국총영사 관저에서 담화회를 갖고 정전 문제를 토론하였다. 같은 날 국제연맹 조사단원도 상하이에 도착하여 중일 간의 최근 상황을 조사하였다. 관련 소식을 접하고 "최소한 일본과의 교섭진행에는 반대하지 않는다"는 입장을 표시하였다.

3월 18일 장제스는 군사위원회 위원장 및 참모본부 참모총장에 정식 취임하였다. 취임식 직후 "능력이 부족함에도 대임을 맡게 되어 송구할 따름이다. 능력이 미치지 못함을 알지만, 국난에 즈음하여 주어진 사명과 책임을 다할 것이다. 당과 국가의 명령에 복종하여 결코 물러섬 없이 최선을 다하겠다"는 내용의 전국 동포들에게 보내는 통전을 발표하면서 취임에 임하는 결의를 다졌다. 다음날 정전회의 예비회의가 상하이에서 거행되었다.

3월 24일 상하이 영국총영사관에서 정전회의 제1차 정식회의가 열렸으나, 쌍방의 이견이 커 아무런 결과도 얻지 못하였다. 당시 상하이 주둔 일본군은 병력 6만 3천 명, 전차 60여 량, 비행기 156대, 대포 70문

상하이사변 시 일본군 진지

상하이사변 시 주력 국민혁명군 제19로군

일본의 침략에 맞서는 자세

의 무장을 유지하고 있었다. 정전회담 개최에 즈음하여 일본군은 '개선凱旋'을 대대적으로 선전하여 자국민들의 상무정신을 독려하였다. 이 소식을 접하고 "이는 왜인들의 관용적인 술책이니 현혹될 필요 없다"는 냉철한 판단을 내렸다.

3월 26일 항저우에서 군사회의를 소집하여 정전담판 진행상황에 대해 의견을 나누었다. 이 자리에서 송 고종이 금나라와 의화議和하기 위해 스스로 군대를 줄이고 주전론자인 웨페이를 죽음에 이르게 한 역사를 되새겼다. 정전협상이 진행 중이라 하여 긴장을 풀어서는 안 되며, 이럴 때일수록 군사적 실력을 보여 외교교섭에 힘을 불어넣을 필요가 있음을 역설한 것이다.

이 무렵 국제연맹 리턴조사단Lytton Commission이 상하이를 거쳐 난징에 도착하였다. 3월 28일 조사단을 접견한 자리에서 그는 '자위의 결심'을 표시하고 조사단이 왜구의 음모를 낱낱이 파헤쳐줄 것을 요청하였다.

상하이사변이 일어난 후 국민정부의 대응이 소극적이고 병사들의 전투의지도 박약하다는 비판이 없지 않았다. 그러나 사실상 전쟁 개시 이후 한 달여가 지난 3월 2일까지 중국군은 10여 차례의 공격전과 육박전을 전개하여 일본군의 기세를 꺾는 데 성공하였다. 일본이 서둘러 정전회의에 임한 것도 중국군의 저항이 의외로 거세어 손실이 날로 커져갔기 때문이었다.

당연히 중국군의 손실도 적지 않았다. 3월 2일까지 항전의 주축이었던 제19로군에서 장교 542명, 사병 8,184명의 사상자가 발생하였다. 지원군으로 참전했던 제5군에서는 장교 349명, 사병 5,029명이 사상을 입었다. 적의 포격과 공습으로 피해를 입은 민간인도 부지기수였다. 참혹한 피해 상황을 확인하자 더 이상의 피해를 줄이기 위해 정전담판이 속히 마무리되기를 바라는 마음이 없지 않았다. 그러나 한편으로는 중국 국내에 변란이 발생하기를 기다리는 일본이 분명 정전회담을 지지부진하게 끌고 갈 것이라고 예상하였다.

　이 무렵 외교교섭에 힘을 실어주기 위해 정치·외교·군사 등 각 부문에 대한 건설방침을 정하였다. 국방 건설방침에 대한 연구결과는 몇 가지로 정리하였다. 첫째는 독일의 인재와 물자를 널리 활용하여 긴밀히 연합하고 합작할 필요성을 강조한 것이다. 다음으로는 창장과 남으로는 저우산舟山에서 북으로는 칭다오에 이르는 내하와 연해의 방어선 구축, 철도와 도로 및 항공설비의 건설과 확충이었다. 이 국방 건설계획은 상하이사변이 마무리되고 '7·7사변'이 발생하기 전까지의 이른바 '국가건설' 기간에 중점적으로 추진되어 8년에 걸친 장기항전 수행의 기초로 작용하였다.

상하이사변 이전
한국에 대한 인식

장제스 스스로가 한국과의 깊은 인연에 대해 강조했고, 동맹회시기부터 한국독립운동가들과 교유하였다는 주장이 없지는 않다. 그러나 확인 가능한 자료를 통해 볼 때 1930년대 이전까지 한국독립운동가들과의 개별적인 접촉은 거의 없었다. 또 한국의 역사와 현상에 대한 이해가 깊지 않았던 관계로 청년기와 북벌시기에 걸쳐 한국과 한국인에 대해 언급한 것을 보면 매우 피상적이고 제한적이었다.

황푸군관학교에 한국 학생들을 다수 받아들이고 한국 학생의 재학 사실을 언급한 뒤 북벌시기와 북벌완성 후까지 한동안은 한국독립운동가들과의 인연이나 한국 문제에 대해 언급하지 않았다. 상하이사변 이전 재차 한국 혹은 한인韓人에 대한 자신의 인식을 드러낸 것은 완바오산사건이 발생하면서였다.

장제스가 완바오산사건 관련 보고를 처음 접한 것은 1931년 7월 3일

완바오산사건의 발단이 된 농수로

이었다. 첫 반응은 일본인들의 만행을 규탄하며 국권수호를 위해 책임을 다할 것을 다짐하는 정도였다. 이어 완바오산사건으로 인해 한국에서 대대적인 화교배척사건이 발생하였다는 소식을 접하고서 나타낸 최초의 반응은 상당히 감정적인 것이었다. 이는 야심차게 준비한 공산당 토벌작전이 이제 막 시작된 시점인 데다, 광둥파의 반중앙 행동 해결 등 '안내安內' 작업에 전력을 기울여야 할 상황에서 일본과의 외교적 갈등이 증폭될 것을 우려하였기 때문이었다.

한성漢城에서 폭동이 발생하여 화교 수천 명이 피란 중이라는 후속 보고를 받자 일본의 포악하고 사악한 수단에 분개하면서도, 일본의 의도적인 선동에 쉽사리 넘어간 '한인들의 우매함'을 더욱 개탄하였다. 이후 중일 쌍방의 교섭진행 상황을 보고받고 중국과 한국 두 민족의 감정을 이간질시키려는 일본의 간악함을 경계하면서도, 시종 "한인의 어리석음이 가련할 정도"라는 입장에서 벗어나지 않았다.

7월 23일 한국에서 발생한 화교배척사건을 주제로 「일치단결하여 안내양외를 집행하기 위해 전국 동포에게 고하는 글」을 발표하였다. 요지는 사람이나 나라가 모욕을 당하지 않기 위해서는 스스로 힘을 길러야 한다는 것이었으나, 화교배척사건과 같은 불상사가 재발하지 않으려면 '양외'보다도 '안내'가 중요함을 강조하여 정책의 중심을 여전히 대일보다는 반공에 둘 것임을 천명하였다. 내부적 통일이 우선되어야만 외부의 적과 싸워 이길 수 있다는 평소의 인식을 그대로 드러낸 것으로, 일본의 도발도 잠시 용인하겠다는 것과 다름없었다.

완바오산사건에 뒤이은 한국에서의 화교배척사건을 대하는 기본적인 인식은 '한인들의 우매함'을 탓하는 수준에 머물러 있었고, '설치雪恥'를 다짐했음에도 일본의 만행을 국제연맹에 제소할 것이라는 장담도 실현하지 못하였다. 주일공사관과 외교부를 통해 일본에 항의를 제출하고 외교적 교섭을 통해 사태를 마무리지으려는 안일한 태도는 그의 바람과는 반대로 더 큰 파장을 몰고 와 9·18사변으로 이어졌다.

북벌 성공 이후로도 천궈푸를 통해 간접적으로 한국독립운동가들의 상황에 관심을 기울이기는 했지만, 1·28사변 이전에는 언론이나 실제적 행동을 통해 한국 문제에 대한 인식을 드러낸 경우는 극히 드물었다. 이는 당시 중국과 대한민국임시정부 두 방면이 처한 현실적 상황 때문이었다.

북벌 성공 이후 외견상 중국은 통일된 것처럼 보였으나 장제스를 향한 군사·정치적 도전과 도발은 계속되어 한시도 조용하지 않았다. 여기에 공산당 토벌작전까지 병행하느라 한국독립운동에 관심을 기울일 여력이 없었다. 또 일본과의 외교적 갈등을 먼저 고려한 것도 무시할 수 없는 요소로 작용하였다.

 북벌 초기 일본은 국민혁명의 진행에 별다른 간섭을 하지 않았고 중일관계도 비교적 평화로웠다. 그러나 강력한 '대륙정책'의 집행을 내건 다나카가 수상에 취임한 이후 일본의 방침은 크게 변하였다. 1927년 11월 5일 장제스가 다나카를 방문하여 중국혁명에 대한 일본의 동정과 지지를 호소했지만, 일본은 다음해 4월에 지난을 점령하여 국민혁명군의 북벌을 방해하였다. 이후 일본은 「중요각서」를 제출하는 등 외교적 경로를 통해 중국을 압박하였다.

 점증하는 일본의 압박에 즈음하여, 아직 일본과 공식적인 외교관계를 맺지는 않아 중국 내 한인의 반일활동을 방지할 의무는 없었지만, 장제스는 가능하면 일본의 비위를 거스르지 않으려는 움츠러든 자세를 취하였다. 이는 자연 한국의 독립운동에 대한 입장과 태도에 그대로 반영되었다. 현실적으로도 아직 항일의 뜻을 굳히지 않은 상황이었으므로 중국으로서는 한국독립운동 진영과의 연계가 급박하게 필요하지는 않았다. 한국독립운동 진영의 성장이 당시 중국의 실제적 이해관계에 직접적으로 작용하지 않았다는 점도 한국 문제에 대한 인식에서 고려된 부분이었다.

 임정이 대중국 외교에 적극적인 노력을 기울이지 않았다는 점도 영향을 끼쳤을 것이다. 1921년 쑨원이 영도하는 혁명정부로부터 '사실상 승인'과 장래 지원을 약속받은 것은 임정이 펼친 대중국 외교의 큰 성과라고 할 수 있다. 다만 이후 중국의 내부사정과 맞물려 임정의 대중국 외교는 소홀함이 없지 않았다. 1930년과 1931년 한국독립당과 임정이 국민당에 청원을 제출한 적이 있었지만, 그 내용은 주로 한인의 법적 지위에 관한 것이었을 뿐 한국의 독립운동에 대한 실제적 지원을 청한 것은 아니었다. 중국의 내부사정, 일본의 태도, 임정의 대중국 외교의 소홀함 등이 복합적으로 작용하면서 1920년대부터 1930년대 초반까지의 한중관계는 소강상태에 있었다.

쑨원과 장제스가 동시대 중국인 가운데 한국의 독립운동과 가장 밀접한 관계에 있었음은 재론의 여지가 없다. 다만 한국 문제에 대한 양자의 인연과 인식은 상당한 차이를 보였다. 세계 약소민족의 일률평등을 주창한 쑨원은 동맹회시기부터 한인과 인연을 맺었고, 중국혁명을 위해 일본의 도움이 필요한 상황에서도 일본의 눈치를 보지 않고 일본의 한국 병탄을 지탄하였다. 반면 '제1차 하야' 후 생애 마지막으로 일본을 방문하여 일본 각계의 요인과 수상을 만난 자리에서 장제스는 전혀 한국 문제를 언급하지 않았다. 이는 다나카 취임 이후 대륙정책의 집행을 내걸고 중국혁명에 간섭을 불사하겠다는 입장을 천명한 데서 연유한 것으로 해석할 수 있다. 북벌시기 이미 중국혁명에 대한 일본의 의향을 고려했기에 일본과의 전면전 폭발 전까지 한국의 독립운동을 적극적으로 지원하지 않았던 것이다.

윤봉길의거 후
한국에 대한 인식의 변화

중일 정전회담이 지루하게 전개되고 있던 4월 29일, 상하이에 거주하는 일본 교민들은 일왕의 생일인 천장절天長節을 맞이하여 상하이 자베이에 위치한 홍커우虹口공원(현 루쉰공원魯迅公園)에서 기념식을 거행하였다. 일본군도 이날을 전승기념일로 간주하여 군민이 합동으로 열병식 등의 기념행사를 마련하였다. 그날 정오 무렵, 한인 청년 윤봉길尹奉吉(1908~1932)이 기념식 단상에 폭탄을 투척하여 '일본 육군의 신'이라 불린 일본파견 군사령관 시라카와 요시노리白川義則, 일본 제3함대 사령관 노무라 기치사부로野村吉三郎, 제9사단장 우에다 겐키치, 주중공사 시게미쓰 마모루, 일본거류민단장 가와바타河端 등이 사상한 이른바 '윤봉길의거'가 발생하였다.

윤봉길의거에 대해 "백만 국군이 하지 못한 일을 조선 청년 한 사람이 해냈다"고 높이 평가하였다고 알려진 것과는 달리, 장제스는 의거에

윤봉길과 루쉰공원 내 윤봉길의거 기념비

대해 별다른 직접적인 반응을 보이지 않았다. 다만 윤봉길의거가 한국의 독립운동에 대한 인식 변화에 큰 계기가 되었음은 분명하다.

　5월 5일 상하이정전협정이 체결되고 다음날부터 일본군이 철수하기 시작하였다. 일단 한숨을 돌리기는 했지만, 중국으로서는 언제 또 다시 일본이 도발할지 노심초사하지 않을 수 없었다. 따라서 유사시 일본과의 전쟁에 필요한 우군을 확보할 필요가 있었다. 그 대상으로 삼은 것이 중국 전역에서 활동하고 있는 한국 독립운동 세력이었다.

　9·18사변 후 중국 전역에는 반일 정서가 팽배하였다. 결정적으로 1·28사변이 발생하자 항일을 준비하기 시작하였다. 이로써 중일관계의 변화와 맞물려 중국 내 한국독립운동가들의 활동도 중시를 받게 되었다. 특히 윤봉길의거를 계기로 한국독립운동 세력에 대한 중국의 원조가 이

전과는 달리 반공개적으로 진행되기 시작했으나, 그 이후부터 사안에 따라 일본의 간섭과 단속 요구 또한 심화되었다.

윤봉길의거가 폭발한 지 약 1개월이 지난 5월 31일에 쓴 일기에는 이제까지 볼 수 없었던 조선 문제가 언급되기 시작하였다. 당일 일기에는 최근 동북의용군 지원 및 조선 문제의 진행방법에 대해 연구하였다는 내용이 보인다. 특히 해당 문제

삼민주의역행사 핵심 텅제

에 대한 인선을 깊이 고려한 끝에 "동북과의 연락은 치스잉齊世英을 중심으로 하고, 조선은 텅제滕傑(1905~2004, 후일 한국광복군 총사령부 참모장 역임)와 황사오메이黃紹美(후일 한국광복군 총사령부 정훈처장 역임)에게 맡긴다"고 결정하였다. 실제 텅과 황은 이후 한국독립운동 진영과의 연락을 맡아 군사훈련 등에서 중요한 역할을 하였다. 구체적으로 7월 15일에는 텅제에게 속히 황푸 출신들을 파견하여 한인의 항일공작을 돕도록 지령하였다.

일본과의 갈등이 심화되었음에도 전면전이 폭발하기 전까지 장제스는 여전히 일본을 겨냥한 '양외'의 실제적 행동에 나서기보다는 내부적 통일을 강조한 '안내'에 정책의 주안점을 두었다. 따라서 일본과의 갈등을 외교적으로 해결하는 데 주력했고, 이런 방침은 한국 문제에 대한 인식과 원조에도 직접적인 영향을 미쳤다.

윤봉길의거 후 달라진 한국에 대한 인식을 바탕으로 하여 한국독립운

김원봉

동 지원은 두 갈래로 나누어 진행되었다. 한 계통은 국민당 조직부가 담당하였다. 또 다른 계통은 황푸군관학교 출신이 주축이 되어 장제스를 영수로 받들고, 1932년 2월 29일 난징에서 성립된 비밀조직 삼민주의역행사三民主義力行社(흔히 남의사[藍衣社]로 잘못 알려진 조직)가 담당하였다. 북벌완성 이래 '분열'을 경계하며 '통일'과 '일원화'를 강조했음에도 왜 한국독립운동 지원은 두 계통을 통해 동시에 진행하였을까? 장제스의 뜻을 살필 수 있는 직접적인 자료를 찾기 쉽지 않지만 인적관계가 가장 크게 작용하였다고 볼 수 있다.

그동안 한국독립운동가들과 별다른 인연이 없었던 장제스가 국민당 조직부를 통해 임정 계열을 지원한 것은, 이전부터 한국독립운동가들과 왕래가 있었던 조직부장 천궈푸를 통한 지원이 편리하다고 판단하였기 때문일 것이다. 역행사를 통한 지원은 김원봉金元鳳(1898~1958)이 황푸 출신인 데다 역행사의 초대 서기인 텅제가 김원봉의 동기생이므로 김원봉에 대한 지원을 적극적으로 청한 점이 강하게 작용하였다.

아울러 일본과의 관계도 염두에 둔 결정이었다고 보인다. 국민정부 차원의 공식적인 한국독립운동 지원은 일본과의 외교적 충돌을 가속화시킬 우려가 있었다. 대신 당 조직을 통한다면 설령 일본이 이를 문제삼더라도 민간 차원의 행위라고 핑계를 댈 수 있었다. 비밀조직인 역행사를 통한 지원 역시 일본을 의식하여 공개적으로 한국독립운동을 지원하는 것에는 부담을 느꼈기 때문일 것이다.

두 갈래의 동시 지원은 장제스의 자신감에서 나온 결정이기도 하였다. 북벌완성 후 자신을 향한 수많은 군사적·정치적 도전을 경험한 그는 민국 최대의 내전인 중원대전을 해결한 뒤부터 모든 문제를 자신의 힘으로 해결할 수 있다는 자신감이 충만하였다. 두 갈래 지원으로 인한 한국 당파의 분열과 갈등 역시 자신의 역량으로 충분히 해결할 수 있을 것이라는 자신이 있었다.

또 당시 중국의 대한공작은 혁명단체 원조에 중점을 두었을 뿐 한국혁명 진영 조직을 통일하는 데 목적이 있는 것은 아니었다. 서로 다른 계통의 동시 지원으로 인해 예상 가능한 한국혁명 진영 내부의 갈등은 이 단계에서는 크게 문제되지 않았다.

성격이 다른 두 조직이 동시에 한국독립운동 진영의 두 대상을 지원하는 과정에서 상호협조하는 경우도 없지 않았다. 그러나 계통이 다른 까닭에 서로 어떻게 한국독립운동 진영에 실제적인 원조를 제공하고 있는지에 대한 교류와 정보교환이 거의 없었다. 결국 두 갈래가 서로 경쟁하면서 자기 조직에 유리한 방향으로 활동 상황과 장래계획을 보고하는 등의 문제가 발생하였다. 이 때문에 장제스의 사실 판단과 인식에 혼선이 빚어졌다.

한국독립운동 진영에 대한 지원 과정에서 역행사 계통이 먼저 가시적 성과를 거두었다. 1932년 4월 역행사는 한국과 월남 등 피압박민족의 독립운동을 지원하기 위해 동방민족부흥운동위원회를 조직하였다. 이에 호응하여 김원봉은 그해 5월 베이핑에서 난징으로 활동 무대를 옮겼다.

김원봉은 먼저 황사오메이가 조직한 아주문화협회亞洲文化協會와 연계를 맺은 뒤, 캉쩌康澤, 텅제 등을 통해 군관학교 설립방침을 건의하였다. 이 건의는 장제스의 비준을 얻어 역행사에서 실제적인 업무를 담당하였다. 이렇게 하여 설립된 것이 탕산훈련반湯山訓練班으로 알려진 국민정부 군사위원회 간부훈련반 제6대(조선혁명간부학교)이다.

'조선혁명간부학교'라는 이름 대신 군사위원회 소속 훈련반으로 이름을 정한 것은 일본의 이목을 피하기 위해 장제스가 특별히 내린 지시에 따른 것이었다. 1932년 10월 20일 이 학교의 제1기생 26명이 입학하였다. 일본의 이목을 피하려는 노력에도 불구하고 학교의 존재를 알아차린 일본당국의 간섭과 단속으로 부득이 학교를 세 차례나 이전하는 조치를 취하기도 하였다.

이후 김원봉은 장제스에게 「한국의열단보고」를 올려 '중한민중대동맹'과 '중화오족구국동맹회'의 조직경과와 활동내용을 보고하는 등 신임을 얻기 위해 노력하였다. 김원봉이 활발한 활동을 전개할 수 있었던 것은 황푸 출신이라는 점이 크게 작용했음이 분명하다. 또 군인 출신인 장제스의 성향과 더불어 '문인'에 대한 그의 평소 인식이 역으로 작용한 결과이기도 하였다. 이는 김구金九(1876~1949) 계열의 군사 방면 지원 요청에 대한 장제스의 반응을 통해 확인할 수 있다.

천궈푸의 명으로 한국관련 업무를 직접 담당하고 있던 궁페이청貢沛誠은 자싱嘉興에 피신 중이던 김구를 만난 뒤 「한국독립당과 내몽고기병대의 항일운동 부조방안에 관한 건의」를 올렸다. 이 건의문에서 궁페이청은 "김구는 소총 1천 자루 정도만 확보할 수 있으면 이를 근간으로 독립군을 조직하여 러허熱河의 변경지대를 무대로 현지의 의용군과 합세하여 공동으로 항일작전을 전개할 수 있을 것이라고 포부를 밝혔습니다. 김구는 이를 통해 동삼성에 거주하고 있는 전체 한교의 혁명정서를 고조시키고 왜적과 결사항쟁을 계속하면, 한국혁명의 중심을 바로세우고 동아시아혁명에 커다란 반향을 불러일으킬 수 있을 것이라 확신했습니다. 김구의 뜻이 참으로 장대하고 언행이 진실됨을 확인할 수 있었습니다. …… 아울러 황푸 출신 몇 명을 보내시어 함께 공작을 진행하도록 조치하신다면 일의 진행에 커다란 도움이 되리라 생각합니다"라며 김구의 뜻을 전하였다.

장시에서 공산당 토벌작전을 독려 중인 장제스(1933)

　김구는 동북에 거주하는 한교들의 조직과 훈련에 필요한 인원의 파견을 요청하였던 것이다. 이에 장제스는 텅제에게 "속히 궁페이청에게 황푸 출신 인원 세 명을 보내 일을 돕도록 하고, 전적으로 그의 지령에 따르도록 하라"는 지령을 내렸다. 텅제가 파견한 인원들은 후일 김구의 요청에 따라 궁페이청이 인솔하고 동북으로 가 지하공작을 진행하였다. 궁페이청의 인원 파견 요청에는 응했지만, 정작 김구가 원했던 실제적인 도움 요청에 상응하는 후속조치들은 이루어지지 않았다.

　이후 얼마 지나지 않아 김구는 기병학교 설립의 뜻을 갖고 천궈푸를 통해 이를 건의하였다. 제4차 공산당 토벌작전의 사전 준비를 위해 한커우에 머물고 있던 장제스는 "난징에 돌아간 뒤 접견의 기회를 줄 것이나 기병학교 설립 문제는 더 이상 논할 의미가 없다"는 취지의 답을 전하였다. 12월 10일 한커우에서 난징으로 귀환한 지 얼마 지나지 않아 실제 장제스는 김구와의 만남을 가졌다.

김구의 요청을 두 차례 모두 거절한 것은 그의 평소 성향과 인식이 작용한 결과이기도 하였다. '지행합일知行合一'을 강조한 장제스는 평소 말만 앞세우고 탁상공론에 그치는 소위 '서생들'의 작태에 불만이 적지 않았다. 김구에게 소총을 지원하고 기병학교 설립을 승인한들 운용의 성과를 얼마나 거둘 수 있을지 의문을 가졌던 것이다.

중국의 대한 원조방침을 결정짓는 과정에서 일본의 상황과 태도가 강하게 작용했음은 이미 여러 차례 강조하였다. 9·18사변 이후로도 이런 현상은 변함이 없었다. 일본과의 갈등이 심화될수록, 대일정책의 주안점을 외교적 교섭에 둘수록 이런 현상은 더욱 심하게 나타났다.

1932년 이후 중국 내의 여러 군사교육 기관에서 한국 청년들이 훈련받고 있는 사실은 일본의 주목을 끌기에 충분하였다. 물론 중국당국도 일본의 간섭이 있을 것을 우려하여 최대한 비밀을 지키기 위해 노력하였다. 그러나 "절망적 단계에 이르기 전에는 절대 평화를 위한 노력을 버리지 않을 것이다", "최후의 희생을 각오해야 할 단계에 이르기 전에는 마지막까지 외교적 노력을 다하겠다"는 대외방침의 전제하에서는 한국독립운동에 대한 지원도 일본의 태도를 고려하느라 무시될 수밖에 없었다.

김구와의 회동과
소극적 한국독립운동 지원

윤봉길의거 후 일본영사관은 신속하게 영사관 경찰을 프랑스조계로 파견하여 조계 순포방巡捕房 인원들과 함께 대대적인 한국혁명당원 수색과 체포에 나섰다. 당시 김구는 안공근, 엄항섭, 김철과 함께 미국인 피치Dr. Fitch의 집에 은신하여 일경의 체포를 피할 수 있었다. 그러나 안창호, 장헌근 등이 무고하게 잡혀가는 것을 그대로 두고 볼 수는 없었다. 이에 김구는 「홍커우공원 폭탄사건의 진상」이라는 글을 발표하여 자신이 이봉창의거와 윤봉길의거를 계획한 주모자임을 밝히고 자싱으로 피신하였다.

김구가 은신해 있는 동안에도 박찬익, 안공근 등은 부단히 외교와 정보 방면에 치중하여 활동하며 중국당국과의 접촉을 모색하였다. 특히 국민당 중앙당부에서 근무한 경험이 있는 박찬익은 당시 국민당 조직부장 겸 장수성정부 주석 천궈푸와의 관계를 이용하여 김구와 장제스의

김구

천궈푸

면담이 성사되도록 노력하였다.

장제스와의 면담을 통지받은 김구는 안공근과 엄항섭을 대동하고 난징으로 가 천궈푸의 대리로 환영 나온 궁페이청과 샤오정(蕭錚)의 마중을 받았다. 다음날 밤 육군군관학교 내에 있는 장제스의 관저에서 역사적인 만남을 가졌다.

수인사를 나눈 두 사람은 배석자를 물리고 필담을 나누었다. 김구는 "백만 원을 지원하면 2년 이내에 일본·조선·만주 세 방면에서 대폭동을 일으켜 일본의 대륙침략의 교량을 파괴할 것"이라고 정중히 요청하였다. 이에 장제스는 "계획서를 작성하여 상세히 제시해 달라"고 하며 긍정적인 답을 제시하였다.

다음날 김구가 간략한 계획서를 제출하자, 장제스는 천궈푸를 통해 "특무공작으로 적 요인을 죽이는 것만으로는 한계가 있다. 장래 독립하려면 군인들을 양성하는 것이 옳지 않겠는가?" 하는 뜻을 김구에게 전하였다. 또 천궈푸에게 매달 5천 원의 경상비를 김구에게 지원하도록 지시하였다. 기타사업비는 김구가 올린 계획서를 심의하여 타당하다는 판단이 내려지면 천궈푸가 비용을 마련하여 지원하는 것

난징 육군군관학교 내 장제스 관저

으로 결정되었다. 한국독립운동 진영에 대한 경제적인 지원이 본격적으로 이루어졌으나 공개 집행이 아닌 비밀 집행 형식이었다.

한국독립운동 진영에 대한 재정 지원은 전적으로 김구를 대상으로 하였다. 경비는 처음에는 천궈푸의 지령을 받은 샤오정을 통해 박찬익에게 전달되었으나, 나중에는 안공근이 수령하였다. 1933년 2월부터 지원된 경비는 당시 장수성정부 주석이던 천궈푸의 특별비 항목에서 지출되었다. 1934년 이후에는 국민당 중앙당부 특별비 항목에서 집행되었다.

난징 회견 후 장제스가 제안한 '독립을 위한 무관양성'을 실현하기 위한 준비가 진행되었다. 한인 청년의 중국 중앙군관학교 뤄양분교 입학

문제는 1933년 2월 21일 장제스의 최종 비준을 받았다. 다음날 샤오정이 박찬익에게 보낸 전문을 통해 소식을 접한 김구는 즉시 학생 모집에 나섰다. 교육 장소는 중앙군관학교 뤄양분교로 정해졌다. 자금은 발전하는 데 따라 제공한다는 중국 측의 약속이 있었다. 이에 따라 1기에 독립군 군관을 100명씩 양성하기로 결의하였다.

김구는 동삼성에 사람을 파견하여 이청천, 이범석, 오광선 등의 장교와 그 부하 수십 명을 뤄양으로 보냈으며, 베이핑과 톈진 등지에서도 청년들을 모아 보냈다. 뤄양분교 외에도 한인 학생 50명이 난징 중앙군관학교 특별반에 편입되어 군사훈련을 받았다. 각지의 중국 군사학교에서 다수의 한인 학생들을 받아들이자 일본의 간섭과 외교적 압박은 더욱 강화되었다.

9·18사변 후 일본이 만리장성 이남으로까지 세력을 확대하려는 적극적 침략정책을 계속하면서 중국인들의 저항심과 반일감정은 날로 격화되었다. 일본의 입장에서는 짧은 시간에 광대한 중국 영토를 점령한 탓에 단기간에 지배권을 공고히 하지 못해 어려움에 처할 수밖에 없었다.

더불어 일본의 대중국 침략은 열강의 중국에서의 이익과 충돌하면서 어려움이 심화되었다. 이에 일본은 중국과의 충돌을 잠시 완화시키려는 생각을 갖게 되었다. 이러한 일본의 입장이 가장 잘 표현된 것이「히로타廣田3원칙」의 제출이었다. 1934년 외상에 취임한 히로타는 국제사회에서 일본의 지위가 점점 고립되어가는 상황을 고려하여 미·소·중 3국과 관계를 개선해야 할 필요성을 주장하였다. 그해 1월 23일 국회에서 행한 연설에서 '불침략, 불위협'을 외교방침의 기조로 삼아 선린우호관계를 강화하기 위해 중국에 접근할 것이라고 천명하였다.

이에 화답하여 장제스는 다음날 『아사히신문朝日新聞』 기자와의 대담에서 히로타의 연설이 중일관계 호전의 기점이 될 것이라며 환영의 뜻을 표시하였다. 5월 중일 외교관계가 공사급에서 대사급으로 격상된 것은 중일관계가 호전되기 시작한 것을 알리는 직접적 표현이었다. 중국이 취한 대일 유화책은 중국이 한국의 독립운동을 지원하는 데에는 악재로 작용하였다.

이후 「히로타3원칙」의 핵심이자 실현의 대전제라 할 수 있는 '위만주국' 승인을 중국이 거부하면서 중일관계는 다시 냉각되고 말았다. 다만 국교조정기 일본을 의식하여 군사학교에서의 한국 청년 교육을 중단하는 등 장제스는 한국독립운동 지원보다 일본과의 관계개선을 더욱 중시하는 자세를 취하였다.

중국의 한국독립운동 지원책에 영향을 미친 첫 번째 사건은 1934년 6월 발생한 이른바 '쿠라모토 히데야키藏本英明 실종사건'이다. 보고를 받은 장제스는 전력을 다해 쿠라모토의 행방을 찾도록 지시하였다. 하지만 당시에는 공산당 토벌작전을 지휘하느라 여념이 없어 이 문제를 크게 염두에 두지 않았다. 며칠 후 쿠라모토를 찾았다는 보고를 접한 장제스는 일본이 중국을 위협할 구실이 없어진 것은 하늘이 중국을 돕는 징조라며 다행스럽게 여겼다. 그러나 일본은 이 사건을 빌미로 중국에 대한 외교적 공세와 압박을 강화하기로 결정하여 파장이 가라앉지 않았다. 일본은 군함을 난징 인근에 파견함으로써 긴장감을 고조시켰고, 일본군이 난징을 점령할 것이라는 소문도 퍼졌다.

당시 일본 방면에서는 실종사건을 남의사 혹은 국민당 중앙당부의 비밀특무기관이 저지른 사건이라 의심하였다. 히로타는 이 사건을 '제국(일본)의 위신과 관련한 중대한 안건'으로 규정하고 중국에 대한 압박을 강화하도록 하였다. 쿠라모토 실종사건은 그리 오래 걸리지 않고 마무리되었지만, 일본은 이 사건을 빌미로 부수적으로 '반일운동에 종사하는 한인 단속'을 요구하여 중국 외교당국과 장제스에게 상당한 부담을 안겨주었다. 계속되는 일본의 항의와 압박에 굴복한 장제스의 명에 의해 뤄양분교의 한인특별반은 1935년 4월 제1기생이 졸업함과 동시에 폐쇄되었다.

1936년 5월 공산당 토벌작전 독려 차 청두成都에 머물고 있던 장제스는 샤오정으로부터 김구가 주축이 된 한국국민당이 성립되었으며, 한국독립당의 당강黨綱은 삼민주의와 흡사하다는 보고를 받았다. 보고를 받고 흡족해한 장제스는 김구에게 '각 한인 반일파의 통일전선 구축에 힘쓸 것'과 '반일의 구체적 공작계획을 속히 마련할 것'을 대신 전하도록 샤오정에게 요청하였다. 난징으로 귀환한 샤오정은 장제스의 의견을 김구에게 그대로 전달하였다.

이어 청두사건이 발생하였다. 일본이 청두에 영사관을 설치할 것이라는 소식에 극도로 반감을 가진 현지 주민들이 1936년 8월 25일 오후에 일본인 두 명을 살해하고 두 명에게는 부상을 입힌 사건이었다. 이 문제를 둘러싸고 교섭을 진행하는 과정에서 일본은 군사학교의 조선 학생 제적을 요구하는 한편, 반일운동에 종사하는 한인을 단속할 것, 당부(국민당 조직부)를 통한 일체의 일본배척과 한인지원 행위에 대해서도 마땅히 정부가 책임질 것을 요구하였다.

　이러한 우발적 사건들로 인해 일본의 간섭이 심해지고 한인의 반일 활동 단속에 대한 요구가 거세어지자 장제스의 의지도 흔들리기 시작하였다. 일본이 외교적 공세를 강화한 것이 전적으로 중국의 한국독립운동 지원을 견제하기 위한 것은 아니었다. 그렇지만 외교적 교섭과정에서 일본이 한국독립운동 지원을 문제삼은 것은 상당한 부담으로 작용하였음이 분명하다.

　이 시기 한국독립운동 지원에 대한 기술상의 문제도 지적하지 않을 수 없다. 이때까지도 전담기구 없이 각기 다른 두 계통을 통해 임정과 김원봉에 대한 지원이 동시에 이루어지고 있었다. 그렇지 않아도 융화되지 못하고 있던 한국독립운동 진영 내부의 갈등은 이로 인해 더욱 증폭되는 결과를 초래하였다. 이 시기에 심화된 한국독립운동 진영의 분열은 중일전쟁기까지 이어졌다. 그 결과 전시 한국독립운동에 대한 장제스와 중국당국의 관심의 초점은 한국 각 당파의 통일과 단결에 모아졌다.

한국독립운동 진영의 통일 촉성

'루거우차오사건蘆溝橋事件'이 발생하고 나서 열흘 뒤인 7월 17일 장제스는 대일 항전의 결심을 정식으로 선언하였다. 중일 간의 전면전 폭발은 중국의 한국독립운동 지원 방침에도 큰 영향을 미쳤다. 일본과의 외교적 갈등을 염려할 필요가 없게 되면서 한국의 독립운동을 공개적으로 지원하게 된 것이었다. 항전 폭발 후 한국독립운동에 대한 원조는 이전과는 격을 달리하여 중국의 공식적인 정책으로 자리하였다. 그동안의 경제적·군사적 지원의 차원을 넘어서서 정치상·외교상으로까지 중국방면의 원조와 지원의 폭이 확대되었다.

항전 폭발 전 장제스는 일본과의 관계를 고려하여 한국독립운동에 대해 소극적으로 지지하는 입장을 취해왔다. 항전 폭발 후에는 장래 한인이 나름의 역할을 할 수 있을 것이라는 기대에서 중국 내 한국독립운동에 대해 깊은 관심과 기대를 표시하였다. 항일전쟁 초기 장제스의 한국

창사 남목청 6호

  독립운동 진영에 대한 일차적 관심의 초점은 계파 간의 갈등과 분쟁을 조정하여 단결을 촉진하는 데 있었다.

  장제스가 한국독립운동 진영의 분열과 갈등이라는 현상에 주목하게 된 계기는 1938년 5월 발생한 '남목청楠木廳'사건이었다. 이 사건이 발생할 당시 중국 항전은 이미 지구전 양상으로 변하고 있었다. 이에 한국독립운동가들을 장기항전에 동원하는 것이 효과적이라 판단하고, 이를 위한 전제로 한국독립운동 진영의 대동단결이 필요하다고 인식하였다.

  루거우차오사건 후 일본군은 상하이와 난징에 맹렬한 공격을 가하여 일본의 공습이 연일 계속되었다. 일본군은 속전속결을 목표로 대군을 파견하여 난징을 공략하였다. 일본군의 진격이 가속화되자 1937년

장즈중

11월 20일 국민정부는 충칭으로의 천도를 선언하였다.

당시 난징에 주재하고 있던 대한민국임시정부는 중국의 각 기관이 속속 우한과 쓰촨으로 소산하자 부득이 물가가 비교적 저렴한 창사로 이전을 결정하였다. 정부 요인과 가속 등 1백여 명은 목선 두 척에 나누어 타고 한커우를 거쳐 1938년 2월 창사에 도착하였다.

1938년 5월 6일 김구 등은 조선혁명당 본부인 남목청 6호에서 독립운동 진영 각 당파의 통일 문제를 논의하는 회의를 개최하였다. 회의 도중 들이닥친 조선혁명당원 이운한의 총격으로 현익철이 사망하고 김구가 중상을 입는 사건이 발생하였다. 김구가 중상을 입었다는 소식을 접하자 장제스는 위문전보를 보내고, 후난성정부 주석 장즈중張治中(1890~1969)에게는 최상의 의료 환경을 제공하고 일체의 의료비를 부담하도록 지시하였다.

한 달여 병원에 입원했던 김구가 퇴원하여 요양 중이던 1938년 7월, 창사마저 일본군의 위협에 직면하게 되자 임시정부는 광저우로 이전하여 광둥성정부 주석 우톄청의 보호를 받게 되었다. 당시 임시정부는 동산백원東山柏園에 임시청사를 두고 권속들은 아세아여관에 거주하였다. 광저우 도착 후 약 2개월이 지나자 김구는 충칭으로 활동 장소를 옮기려는 의향을 국민당 쪽에 전하였다.

류저우 대한민국임시정부 활동지

최종적으로 장제스의 비준을 받아 김구가 충칭으로 옮겨간 뒤 임시정부 요인과 권속들은 일본군이 광저우를 점령하기 전에 안전하게 광시 류저우柳州로 이동하였다. 류저우를 거쳐 충칭 남쪽 치장綦江에 자리하면서 임시정부는 2년에 걸친 힘겨운 유랑생활을 끝낼 수 있었다. 어느 정도 안정을 찾자 임시정부는 중국정부의 비호 아래 공개적으로 각종 활동에 종사할 수 있게 되었다.

다만 중국의 기대와는 달리 한국독립운동 진영은 이때까지도 항일활동에 별다른 공헌을 하지 못하였다. 중국 방면에서는 이는 한국 각 당파 간의 상호충돌이 너무 빈번한 데다 김구가 이를 효과적으로 제어하거나 독립운동 진영을 통일하지 못한 탓으로 여겼다. 이에 중국 방면에서는

주자화

종래 한국독립운동 진영에 대한 '지원'에 중점을 두었던 정책을 수정해 '통일'을 촉성하는 데 우선순위를 두었다.

중일 개전 후 내외 형세의 변화에 호응하여 중국에서 활동하고 있던 한국독립운동 진영의 우익인 한국독립당, 조선혁명당 및 한국국민당은 1937년 8월 난징에서 '한국광복운동단체연합회'를 결성하였다. 김원봉 일파는 1937년 12월 한커우에서 '조선민족전선연맹'을 결성하여 한국독립운동 진영의 한 축을 형성하였다.

당시 장제스는 한국독립운동 진영의 불일치 문제의 원인은 중국 방면 한국 관련 업무의 기술과 방법에 있다고 생각하지는 않았다. 전적으로 각 당파의 사상적 차이에서 연유하는 것으로 인식하였을 뿐이었다. 이에 1938년 10월 당시 중앙당부 비서장으로 한국 관련 업무의 실제 책임을 맡게 된 주자화朱家驊(1893~1963)에게 단결 촉진에 주안점을 둔 한국혁명운동 보조임무를 부여하였다. 1939년 3월 재차 한국독립운동 진영 내부의 통일방법을 찾아보라는 지시를 받은 주자화는 쉬언쩡徐恩曾과 캉쩌에게 실무를 맡겼다.

독립운동 진영의 좌우파를 대표하는 김원봉과 김구가 단결을 이루지 못하고 충돌하자 장제스는 1938년 11월 말과 1939년 1월 초 두 사람과 별도로 회견하고 합작을 극력 권고하였다. 이것이 1939년 5월 10일 김구와 김원봉이 연명으로 「동지와 동포 제군에게 드리는 글」을 발표하게 된 연유였다.

　각자의 속뜻이야 어떻든 두 사람이 단결에 뜻을 같이하고 있음을 확인한 장제스는 이를 구체화시킬 방도를 찾도록 지시하였다. 주자화의 적극적인 권고에 따라 1939년 8월 27일 임정이 체류하고 있던 치장에서 이른바 '7당통일회의'가 개최되었다. 회의에 참석한 각 당파는 협동전선의 방식, 임시정부의 위상 및 영수인선 등의 쟁점에서 합의점을 찾지 못하자 결국 회의는 좌초되었다. 이 결과에 대해 중국당국은 한국혁명 진영의 진정한 합작이 불가능한 가장 큰 원인은 조직 문제보다도 사상 문제에 있다고 분석하였다.

　당시 한국 문제에 대한 장제스의 인식과 태도에 가장 큰 영향을 미친 인물은 주자화였다. 주자화는 한국혁명 진영의 통일 문제에 대해 한국 각 당파의 자유로운 결정에만 맡겨서는 안 된다고 진언하였다. 적극적이고 주동적인 태도를 취하여 구체적인 주장을 제시하고, 통일운동이 속히 실현되도록 하자는 의견을 제시하였다. 곧 통일을 권고하는 차원에 머물지 말고 이를 이끌어낼 실제적인 방법을 강구하자는 것으로, 이는 중국의 대한 지원정책이 재검토되는 계기로 작용하였다.

　한국혁명당파 통일운동이 지지부진한 상황에서 장제스는 주자화에게 "조선을 비롯한 일본과 타이완臺灣 각 혁명단체의 운동을 적극 찬조하라"는 지시를 내렸다. 지시를 받은 주자화는 광복진선 3당의 통일작업이 순조롭게 진행되고 있음을 전하는 한편 "잠시 광복진선과 민족전선의 병존을 인정하고 각기 구역을 나누어 공작을 진행하도록 하되, 적절한 기회를 보아 완전한 통일을 촉진하도록 하겠다"는 방안을 보고하였다.

　한국독립운동 진영의 통일에 큰 관심을 보이고 있었음에도 장제스는 뜻밖에 조선 내부의 당쟁을 너무 중요하게 생각하지 말 것을 당부하기도 하였다. 이는 중앙당부를 통한 한국 당파 통일 노력과는 상관없이 '한국 내부 당쟁' 등을 이유로 시종 한국광복군에 대해 적극 지지하지 않았던 참모총장 허잉친의 태도를 변화시키기 위한 지령이었다.

　이에 앞서 주자화는 한국광복군의 정식 편조에 대한 협조를 청하기 위해 허잉친에게 서한을 보냈다. 이 서한에서 한국혁명 진영의 분열은 "전적으로 한국 당파 중 공산주의자들 때문"이라며 가능한 범위 내에서 특별한 편리를 봐줄 것을 요청하였다. 아울러 주자화는 장제스에게도 같은 취지의 보고를 올리고 주관기관에 속히 일을 처리하도록 지령해줄 것을 청하였다.

　당시 장제스는 무작정 통일만 강요하다가 혹 한국혁명 당파들이 중국의 영도를 따르지 않으려고 하면 오히려 좋지 못한 결과를 초래할 수 있을 것이라는 우려도 하였다. 또 통일사무에 너무 매달리다 보면 광복군 문제와 같은 실제적 사안에 소홀할 수 있다는 염려도 없지 않았다. 그렇다고 해서 이후 한국 당파 통일 문제에 무관심하였다든지, 한국관련 업무 담당자들이 한국 당파 통일 문제에서 완전히 손을 뗀 것은 아니었다. 사상통일에서 지원기구 일원화로 방침을 달리하였을 뿐이었다.

　장제스는 현실적으로 사상 측면에서 한국독립운동 진영의 통일을 이루는 것이 쉽지 않음을 인지하게 되었다. 이에 기술적 방법을 통해 한국독립운동 진영의 통일을 유도하려는 인식의 변화를 겪게 되었다. 곧 대한 원조를 고정적이고 일원화된 전문 집행조직을 통해 계획적으로 진행하고, 한국독립운동 진영 중 가장 우수한 집단을 택하여 지원 대상을 단일화함으로써 강제적인 통일을 이루고자 하였다. 이는 진주만사변 발생 후 한국 문제가 점차 국제화되는 경향을 보인 것과도 무관하지 않은 결정이었다.

1941년 이전까지도 중국의 한국독립운동 단체에 대한 지원은 전쟁 폭발 전과 마찬가지로 원칙적으로 두 갈래로 진행되었다. 국민당 중앙당부는 여전히 김구를 중심으로 한 한국독립당과 연락하며 지원을 담당하였다. 군사위원회 방면에서는 김원봉을 중심으로 한 조선민족혁명당에 대한 지원을 계속하였다.

한국독립운동에 대해 지대한 관심과 동정을 아끼지 않고 상당한 기대를 걸고 있던 장제스는 가능한 수단을 총동원하여 한국혁명 진영의 단결을 이끌어내고자 하였다. 이를 위해서는 중국 방면의 대한 원조단의 통일이 우선되어야 하며, 모든 지원은 전쟁에 초점을 맞추어야 한다고 인식하였다.

허잉친에게 광복군의 정식 편조를 승인하라는 지시를 내림과 동시에 장제스는 '한국통일지도를 최고 원칙으로' 항전시기 한인 역량의 정치상 운용을 위해 구체적인 한인 혁명세력 부식방안을 속히 마련할 것을 지시하였다. 이에 군사위원회는 1942년 7월 3항 15조에 달하는 「중국 내 한국혁명역량 부조운용 지도방안」 초안을 마련하여 제출하였다. 한국이 완전한 독립자유국가를 건설할 수 있도록 부조하는 것을 최종목표로 정한 이 초안 2항 '방법'의 2조와 6조를 보면 "한국 내부 당파 분쟁에 응당한 주의를 요하며 아방(중국)은 분쟁의 조정자 역할을 수행한다", "중국 내 한국 각 혁명단체는 종종 공작상의 의견 및 입장이 다르다는 이유로 서로 물리적 폭력까지 일삼는바 절대 이런 일이 발생하지 않도록 방지해야 한다"는 내용으로 여전히 한국혁명 당파의 분열상에 주목하고 있다.

비슷한 시기에 군사위원회의 방안 마련과는 별도로 국민당 중앙당부에서도 장제스의 지시로 한국 문제에 관해 장시간의 논의를 하였다. 그 결과 최종적으로 평소 한국독립운동 사무에 직접 관여했거나 당시 한국 원조사무와 관련이 있는 자리에 있던 허잉친, 천궈푸, 주자화, 우톄청 등 7인으로 소조小組를 조직하여 한국 문제에 대한 총괄적인 논의와 처리를 담당하도록 결의하였다.

중앙당부에서 첫 번째 회의를 가진 소조는 군사위원회에서 제출한 「지도방안」 초안의 내용을 중심으로 논의를 진행하였다. 참석자들은 우선적으로 그동안의 한국독립운동을 동시다발적으로 지원하면서 발생한 문제점들을 지적하였다. 그리하여 결론적으로, 시대 상황과 시대적 요구에 걸맞게 통일지도기구의 설립이 필요하다는 데 인식을 같이하였다.

8월 17일 역시 중앙당부에서 열린 회의에서는 한국 관련 업무의 처리 방법 및 경비經費, 지도기관의 통일 문제 등에 대해 이전보다 훨씬 구체적으로 논의하였다. 당일 회의에서는 군사 방면을 제외한 당·정 방면의 모든 지원업무는 원칙적으로 중앙당부에서 통일적으로 관할하기로 결론을 내렸다. 아울러 한국의 여러 당파 가운데 하나만 공식적인 상대로 인정하자는 논의도 있었다.

물론 두 차례 회의에서 논의되고 결정된 사안은 잠정적인 것에 불과하였다. 모든 정책의 최종결정권은 장제스에게 있었기에 중앙당부에서 논의한 내용도 장제스의 최종 비준을 얻어야 공식 정책으로 채택될 수 있었다.

두 차례 회의에서 논의되고 결의된 사안들은 국민당 비서장 우톄청을 통해 장제스에게 보고되었다. 이에 대해 장제스는 군사 방면을 제외한 당·정 방면의 모든 지원 업무는 원칙적으로 중앙당부에서 통일하여 관할한다는 사항에 대해 수정 의견을 제시하였다. 장제스는 전시 당·정·군 사무는 사실상 불가분의 관계에 있으며, 이는 한국 문제의 경우도 마찬가지라고 인식하고 있었다. 따라서 한국 문제의 통일적 운용 및 지도를 위해 이후 참모총장을 포함한 2, 3인이 "조선에 관련한 문제는 당·정 혹은 군사를 물론하고 모두 전결하고, 결정사항을 자신에게 보고하도록" 지시하였다. 또 한국의 여러 당파 가운데 하나만 공식적인 상대로 인정하자는 의견에 대해서도 상대를 고정시킬 필요 없이 조선 내부의 당쟁을 너무 중요하게 생각하지 말고 특정한 당파를 정해 원조하는 것도 고집하지 말 것을 주문하였다. 이와 관련하여 장제스는 "한국혁명단체에 대한 차관을 임정에 국한시키지 말고 혁명역량이 있고 중국 항전과 관련된 단체에 골고루 분배하는 것이 좋겠다"는 의견을 제시하고, 이상의 원칙에 입각하여 재차 협의를 한 뒤에 보고하도록 하였다.

이처럼 장제스가 또 다시 한국 당파 분쟁을 너무 중시하지 말라고 강조한 것은 한국혁명 당파의 통일과 합작을 이끌어내기 위해 중국이 너무 깊이 개입하면 역효과가 날 수 있다는 우려에서 출발한 것이었다. 이

때까지만 해도 장제스는 특정한 당파를 정해 원조하다 보면 오히려 한국 각 당파 간의 갈등이 심화되고 관계가 복잡해져 끝내 한국혁명 당파의 단결을 이끌어내지 못할 것을 염려하였다.

그렇다면 장제스는 한국 당파의 불일치 현상을 용인하고 대수롭지 않게 생각하였을까? 한국 당파의 분열상에 대한 장제스의 실망은 여전하였다. 다만 한국혁명 세력의 실력 강화를 위해 중국이 지원하는 과정에서 지나치게 그들의 분쟁을 부각시키지 말 것을 실무자들에게 주문한 것일 따름이었다. 후일 장제스가 임정을 끝내 승인하지 않으며 그 원인을 한국 당파의 불일치에서 찾았던 것은 그의 인식이 변하지 않았음을 보여주는 증거이다.

우톄청은 장제스의 지시사항을 바탕으로 당내 요인들과 논의를 거쳐 「조선복국운동 부조 지도방안」을 마련하고, 자신을 포함하여 허잉친, 주자화 3인이 한국 관련 업무를 전담하기로 했음을 보고하였다. 1942년 12월 27일 장제스는 이 방안과 인선을 정식으로 승인하였다. 이로써 마침내 중국의 한국독립운동 원조정책이 제도화되고 고정화될 수 있었다. 총강, 요지, 방법 등 3항 11조로 구성된 이 방안에는 임정 및 각 혁명단체들이 담당할 임무가 명시되어 있으나 실제 원조방법은 상세하게 규정되어 있지 않다. 이는 장래 상황의 변화에 따라 세 명의 한국관련 업무 전담자가 탄력적으로 운용할 수 있는 여지를 남겨둔 것이었다.

주자화는 3인소조의 업무 진행상황에 관심을 보이던 장제스에게 한국독립운동 진영의 당파 문제, 정치 문제, 군사 문제 처리에 관한 의견을 수시로 올리고 구체적인 지령을 청하였다. 이에 장제스는 1943년

8월 10일 한국 문제 처리의 기본 원칙 세 가지를 하달하였다. 이 지령에서 당파 문제 처리에 있어서는 "굳이 한국 각 당파의 통일을 강구할 필요는 없으나, 조직이 비교적 건전하고 유구한 역사를 지닌 한국독립당을 지지하고 원조하여 영도적 지위를 갖도록 해야 할 것"이라는 의견을 제시하였다. 정치 문제 처리와 관련해서는 "내부 분쟁을 해소시키기 위해서라도 응당 임정을 중심 대상으로 삼아 진행해야 할 것"이라고 했고, 군사 문제 처리와 관련해서는 "광복군 고위직에 대한 인사조정을 통해 임시정부 계통의 통일적 군사역량을 강화해야 할 것"이라고 주문하였다.

장제스의 상기 지령이 있은 뒤 중국 방면의 원조는 한국독립당과 임정을 대상으로 단일화되면서 경제보조, 임시정부 기초확대 등의 측면에서 더욱 강화되었다. 이 과정에서 부정할 수 없는 사실은 대한 원조가 강화될수록 중국의 간섭이 심화되었다는 것이다. 이것은 경우에 따라 중국이 한국독립운동 진영의 단결과 통일을 이루어내기 위해 원조의 규모와 대상을 수단으로 삼았을 가능성이 충분하였다고 해석할 수 있다. 예상했던 대로 이후 중국당국은 한인 계파 간 단결 촉구, 항일운동의 진행방식, 임정 고위직의 인선 등 중요문제에까지 개입하기 시작하였다.

한국광복군 성립 비준

대한민국임시정부의 활동이 궤도에 오르기 시작하고 치장에 신한촌新韓村이 건설되어 임시정부 요인과 권속 100여 명의 주거 문제가 해결되었다. 이후 김구는 오랜 숙원이었던 혁명무력 건립을 위한 준비에 박차를 가하였다. 임시정부에 예속된 군대를 건립하는 것은 그간 임시정부를 이끌었던 모든 영도자들의 바람이었다. 이는 또한 김구가 가장 심혈을 기울여 추진한 일 가운데 하나였다.

루거우차오사건 후 중국정부가 한국독립운동 진영이 적후에서 발전하기를 바라는 상황에서 무장세력의 건립은 불가결의 요소였다. 이에 임시정부 요인을 비롯한 한인들은 부단히 한인세력의 무장화를 요청하였다. 중국정부도 한인들의 바람을 충족시켜 그들이 실망하지 않도록 하고, 항전수행에 도움을 얻고자 하는 바람이 없지 않았다. 이에 중국의 국가주권을 해치지 않는 범위 내에서 한인들이 중국 영토 안에서 상징적이나마 항일 혁명무력을 건립하는 것을 용허하기로 하였다.

김구가 혁명무력 건립을 적극 추진한 것은 전년 장제스와의 회동에서 직접적인 것은 아니었지만 임시정부 계통 항일무력 건립에 대한 언질을 받았기 때문이기도 하였다. 1938년 11월 말과 1939년 1월, 김구와 김원봉을 별도로 접견한 자리에서 장제스는 중국 항전에 일조한다는 전제하에

허잉친

한국 복국운동의 역량 강화에 도움을 줄 것을 약속하였다. 이 약속은 당시 김원봉이 거느리고 있던 한인 무장조직인 조선의용대 외에 한국독립당 계열의 새로운 무장조직 성립을 용허하겠다는 뜻이었다.

1940년 3·1절, 김구는 「한국독립과 동아평화」라는 문장을 발표하였다. 이 글에서 "최단 기간 내에 중국당국이 한국광복군이 조직될 수 있도록 실제적인 원조를 실시할 것을 희망한다"고 직접적으로 중국정부에 광복군 건립을 도와주기를 청하였다. 다음 달 광복 진영 우익3당은 치장에서 연합대표대회를 거행하였다. 이때 정식으로 중국당국에 중국 경내에 한국광복군이 건립될 수 있도록 허락해줄 것을 청구하기로 결의하였다.

1940년 5월 장제스는 한인들의 바람을 만족시키고 중국 항전에 한인의 동참을 이끌어내기 위해서 광복군 건립 청구를 받아들이기로 결정하였다. 이와 관련한 사무는 참모총장 허잉친에게 일임하였다. 1940년

한국광복진선청년공작대(1939. 4. 4)

9월 17일 충칭 자링빈관嘉陵賓館에서 성립전례가 거행되어 한국광복군이 정식 성립되었다.

임시정부 차원에서 광복군 건립을 위한 논의와 협상이 진행되기 전, 이미 장제스의 비준을 받은 한국 무장조직이 모습을 보였다. 김원봉이 주축이 되어 1938년 10월 10일 우한에서 창립된 조선의용대가 그것이다. 조선의용대 본부는 후일 구이린을 거쳐 임시정부보다 앞서 충칭으로 이전, 어궁바오鵝宮堡에 터전을 잡았다. 다만 성립 초기 조선의용대는 중국 군사위원회에 배속되어 '조선의용대 지도위원회'의 지도 아래 중국항전을 지지하는 정치공작선전대의 성격이 강하였다.

한국광복군 성립 기념식(1940. 9. 17)

　무정부주의 계열의 '한국청년전지공작대'가 광복군 제5지대로 편입되어 임시정부의 통일지휘를 받게 되었다. 이에 김구는 여러 경로를 통해 김원봉에게 조선의용대의 광복군 편입 의향을 탐문하였다. 내외정세의 변화와 각 방면의 압력에 김원봉은 마지못해 조선민족혁명당의 임시정부 지지를 선언했으나 조선의용대와 광복군의 합병은 반대하였다.

　윤봉길의거 이후 한국독립운동 진영 좌우파를 가리지 않고 동시 병진의 지원을 아끼지 않았던 중국당국이었지만, 광복군과 조선의용대의 합병 문제만큼은 수수방관할 수 없었다. 장제스는 양측의 통합을 직접적으로 종용하지 않고 우회적인 방법을 통해 점차적으로 추진하였다.

1941년 10월 30일 장제스는 참모총장 허잉친에게 "한국광복군을 군사위원회에 예속시켜 참모총장이 직접 운용하라. 원래 정치부에 예속되었던 조선의용대 역시 군사위원회에 예속시켜 참모총장이 통일적으로 운용하라"는 지시를 하달하였다. 이는 광복군과 조선의용대를 공히 군사위원회 직할 단위로 편입시켜 참모총장의 지휘를 받게 하고, 시기가 성숙된 뒤에는 조선의용대를 광복군에 편입시키겠다는 의도였다.

임시정부 방면의 동의를 얻어 군사위원회가 「한국광복군 행동준승 9항」을 반포함으로써 한국광복군은 중국 군사위원회 참모본부에 예속되어 참모총장이 직접 장악하고 운용하게 되었다. 이에 따라 중국 현역 군관이 한국광복군 참모장 및 각처 처장에 임명되어 중국군부와의 연계 등을 담당하였다.

1941년 11월 15일 한국광복군은 중국 군사위원회에 예속되었다. 이어 광복군 사령부는 시안에서 충칭으로 옮겨왔다. 그러나 "중국항일 작전기간 한국광복군은 중국 최고 통수부의 군령 외에 어떠한 기타 군령 혹은 정치적 견제를 받지 않는다"는 규정에 의해 당시 광복군과 임시정부는 명의상 예속관계에 있었을 뿐 독자적인 활동 공간을 확보할 수 없었다.

조선의용대 또한 1942년 5월 15일 "한국광복군 총사령부에 부총사령 1명을 증설하여 김원봉을 부총사령에 임명하며, 조선의용대는 한국광복군 제1지대로 개편하라"는 장제스의 명에 의해 군사위원회 정치부의 관할에서 벗어나 한국광복군 제1지대로 개편되었다.

한국광복군이 중국 군사위원회의 직접 지휘를 받게 되면서 중국군부

조선의용대

와의 연계가 편리해지고 보급도 효율적으로 이루어졌다. 그럼에도 총사령을 제외한 주요 간부가 모두 중국 군인으로 채워지는 등 여러 가지 부작용이 발생하였으며, 무엇보다도 한인의 자존심을 상하게 한 데 대해 「한국광복군 행동준승」을 폐지해야 한다는 한인 내부의 반발이 상당하였다.

중국 측은 광복군을 군사위원회에 예속시키는 결정을 함과 더불어 광복군의 창설을 인준하고 재정적인 지원을 약속하였다. 그러나 이러한 조치들이 곧바로 실행되지 않자 임시의정원을 중심으로 「한국광복군 행동준승」을 취소하자는 논의가 있었다. 1942년 10월 제34차 임시의정원의회에서 15명의 의원이 「한국광복군 행동준승 9항」의 즉시 취소를 결의하고, 임시정부로 하여금 이를 적극 추진하도록 요청하였다.

임시정부가 제안한 「한국광복군 행동준승」의 수정 요구를 중국당국이 거절한 사실이 알려지면서 임시의정원 의원들의 반감은 격화되었다. 결국 임시의정원 제34차 회의를 비밀리에 열어 중국 군사당국이 일방적으로 「한국광복군 행동준승」 준수를 한국광복군에 요구한 것을 성토하였다. 이 과정에서 "만일 중국당국이 행동준승을 철폐하지 않는다면, 최악의 경우 미국으로 임시정부를 옮기자"는 의견까지 제기되었다. 결국 의결을 거쳐 임시정부가 책임지고 중국당국과 협상을 전개하되, 실패할 경우에는 임시정부의 총사퇴를 요구하기로 하였다.

임시정부는 1943년 1월 국무회의에서 「한국광복군 행동준승」의 수정 방안을 마련하기로 결정하였다. 이에 따라 1943년 2월 4일 임시정부 외무부장 조소앙은 중국 외교부를 찾아가 한국광복군 대우 개선을 요구하였다. 중국 외교부는 법률상 아직 중국이 한국임시정부를 승인하지 않은 관계로 외교적 교섭을 진행할 수 없다며 제안 접수를 거절하였다. 이에 임시정부는 중국 외교부장 쑹쯔원에게 조회를 보내 최단 기간 내에 「한국광복군 행동준승」을 폐지하고, 이를 대신할 「중한호조군사협정」의 체결을 요구했으나 이 역시 거절당하였다.

「한국광복군 행동준승」 폐지를 둘러싼 교섭의 진전이 없자, 임시의정원이 다시 들고 일어나 일방적으로 「한국광복군 행동준승」의 실효를 선언하자는 강경론이 대두되었다. 격론 끝에 1943년 12월 8일 임시의정원 제35차 회의에서 "신임 국무위원 취임 후 3개월 이내에 반드시 평등호혜의 원칙에 입각하여 중국정부에 「한국광복군 행동준승」을 대체할 '신협약' 체결을 요구하라. 만일 새로운 협약을 이끌어내지 못할 경우에는 임시정부에서 즉시 행동준승의 무효를 선언하라"는 내용의 결의안을 채택하였다.

이때서야 행동준승 문제를 즉각 해결하지 않으면 중한 우호에 심각한 영향이 미칠 수 있을 것이라는 경각심을 갖게 된 중국당국은 대응책 마련에 고심하였다. 1944년 6월 조소앙은 중국 유관 방면의 양해를 얻어 정식으로 「중한호조군사협정」 초안을 중국국민당에 제출하였다. 동시에 임시정부도 중국 입법원장 쑨커를 통해 「행동준승」 폐지를 바라는 의향을 장제스에게 전하였다.

1944년 7월 10일 허잉친은 한국임시정부가 제출한 「중한호조군사협정」 초안에 대한 연구 결과를 장제스에게 보고하였다. 이에 대해 장제스는 1944년 8월 21일 "한국광복군은 한국임시정부에 예속시키고, 「행동준승」은 즉각 완전취소하는 것이 마땅하다"고 결정하였다. 이에 따라 장제스는 즉각 유관단위에 개선방안 마련을 지시하였다.

장제스가 「한국광복군 행동준승」 취소에 긍정적인 의사를 표시하였다는 소식을 접한 임시정부는 크게 고무되었다. 이에 김구는 향후 한국광복군과 중국군부와의 새로운 관계를 어떻게 확립할 것인가 고민한 끝에 1944년 10월 7일 중국당국에 「한국광복군 환문」 초안 6조와 「한국광복군 요구사항」 5항을 제출하였다.

임시정부의 요구사항에 대해 중국군부에서는 의견이 없지 않았다. 그럼에도 장제스는 임시정부의 요구를 상당 부분 수용할 것을 지시하여

「한국광복군 원조방법」이 마련되어 1945년 5월 1일 정식 실시되도록 하였다. 이후 한국광복군은 더 이상 중국 군사위원회와 예속관계에 있지 않은, 진정한 임시정부의 군대로 거듭날 수 있었다.

카이로회담과
전후戰後 한국독립 보장

1943년 6월경 루스벨트Franklin Roosevelt는 중·미·영·소 4국 영수회의 개최를 제의하는 서한을 보내고 장제스의 직접 참가를 요청하였다. 그러나 당시 장제스는 아직 시기가 성숙되지 않았음을 이유로 그 요청을 거절하였다. 얼마 뒤 루스벨트는 미국을 방문한 쑹메이링을 통해 재차 장제스에게 직접 회동을 요청하였다. 7월 4일 루스벨트는 또 다시 가을에 충칭과 워싱턴의 중간 지점에서 만나기를 청하는 전보를 보내왔다. 7월 8일 장제스는 "9월 이후 적당한 날을 정해 만날 수 있기를 희망한다"는 답전을 보냈다. 루스벨트와 장제스 간의 사전 접촉이 중·미·영 3국 영수가 참가한 카이로회담 개최의 유래가 되었다.

애초 장제스가 루스벨트와의 회견 시 가장 염두에 두고 논의하고자 했던 것은 「대서양헌장」의 적용 범위를 세계 각국, 각 민족에 확대하는 문제였다. 이외에도 연합국의 무조건적인 승리 쟁취 방안, 전후 유력한

국제평화기구 조직 건립, 충칭과 워싱턴에 대일작전 연합참모부를 설치하는 문제 등에 대해서도 다루었다.

대한민국임시정부가 연합국 사이에 국제회의가 열릴 예정이라는 소식을 접한 것은 1943년 7월이었다. 이에 임시정부는 전후 한국에 대한 국제공동관리를 반대하며, 일제 패망과 동시에 한국은 즉시 독립되어야 한다는 뜻을 전하기 위해 장제스와의 면담을 청하였다. 7월 26일 김구 등을 접견한 장제스는 "한국혁명동지들이 한마음으로 단결하여 독립주장을 달성하기 바란다"며 예정된 회의에서 한국독립을 관철시켜 주기를 바라는 김구 등의 요청을 흔쾌히 받아들였다.

9월 25일 장제스는 국민참정회에 출석하여 내정과 외교에 대해 보고하였다. 이 자리에서 외교정책의 중점을 대내와 대외로 나누어 구체적으로 제시하였다. 대내적으로는 타이완과 펑후澎湖 등 갑오중일전쟁 이래 일본에게 상실한 실지를 회복하여 영토완정과 주권독립을 확보하는 데 두었다. 그리고 대외적으로는 아시아 각 민족의 독립과 해방을 보조하는 데 두었다. 이때까지도 아직 전후 한국독립 보장에 대해 명확하게 제시하지는 않았지만, 이미 그 뜻이 확고하였음을 확인할 수 있다.

10월 28일 루스벨트는 11월 20일부터 11월 25일 사이 사흘간 이집트 알렉산드리아에서 회담을 갖자는 내용의 전보를 보내왔다. 루스벨트는 이때까지도 스탈린Joseph Stalin의 참석 여부는 확정되지 않았고, 처칠Winston Churchill의 참석은 확정적이라고 전해왔다. 한편 모스크바에서 열린 미·영·소 3국 외상회의에 중국은 직접 참석하지는 않았지만, 10월 30일에 체결된 선언에는 함께 이름을 올림으로써 4강의 지위를 확립할 수 있었다.

국제사회에서의 위상이 제고됨으로써 장제스는 전후 국제사무에 대해 훨씬 강력한 발언권을 확보하게 되었다. 11월 1일 루스벨트는 카이로 인근에서 11월 26일 처칠과 회동하기로 약조했음을 전하고 함께 자리할 수 있기를 희망함을 알려왔다. 다음날 장제스는 루스벨트에게 답전을 보내어 시간에 맞추어 회동에 임할 것이며, 영수회담 관련 소식은 철저히 비밀에 부칠 것임을 약조하였다.

11월 9일 루스벨트는 "11월 21일 카이로에서 처칠과 회동한 뒤, 11월 26일 혹은 27일 페르시아에서 스탈린과 회동(필자 주 - 11월 28일에서 12월 1일까지 미·영·소가 참여한 테헤란회담)하기로 되어 있다. 따라서 11월 22일 이전 카이로에 도착할 수 있기 바란다"는 내용의 전보를 보내왔다. 11월 11일에는 처칠로부터도 이와 비슷한 내용의 전보가 도착하였다.

출국을 앞둔 상황에서 장제스는 재차 회담요지와 마땅히 펼쳐야 할 주장에 대해 다방면으로 고려하였다. 마침 루스벨트는 헐리Patric J. Hurley를 충칭에 보내 "처칠과 회동 시 동아시아의 여러 문제에 대해서는 조금도 양보하지 말고 기정방침을 관철시키기 바란다. 본인은 제삼자의 입장에서 조정자의 역할을 수행하며 예정된 목표를 이룰 수 있도록 힘을 실어주겠다"고 약조하였다.

동아시아 문제에 있어서는 원군이 되어주겠다는 루스벨트의 약속에 고무된 장제스는 11월 14일 군사전략의 제안, 원동정치의 제안, 전후 세계평화기구 건립, 일본 투항 후 처치방안 등에 관한 회담자료와 제안을 준비하고 점검하였다. 그중 원동정치와 관련한 제안의 두 번째 항목에 '전후 조선독립 보증'을 포함시켜 회담 시 반드시 제출할 결심을 굳혔다. 반면 '본래 독립왕국으로 그 지위가 조선과 상등한' 류큐琉球 문제는 회담에서 제안하지 않기로 결정하였다. 아울러 전후 일본 처치와 전쟁손실 배상 등의 문제도 영·미에 앞서 주동적으로 제출하지 않는 것이 현명하다고 결정하였다.

11월 18일 장제스는 충칭을 출발하여 카이로로 향하는 도중 인도의 아그라Agra와 카라치Karachi에 기착하였다. 비행 도중에도 여전히 회담 내용에 대해 수행원들과 의견을 교환하며, 전후 국제정치기구와 원동위원회 조직, 점령지 관리방안, 중국 동북과 타이완 수복, 조선독립 보증을 회담에서 중점을 두고 논의해야 할 중대문제로 꼽았다.

11월 21일 카이로에 도착한 후 처칠을 예방하고 30분가량 독일과 일본의 정세 등에 대해 의견을 교환하였다. 11월 22일 오전에는 답방한 처칠과 재차 의견을 나누었지만, 아직 루스벨트가 도착하지 않아 의례적인 만남에 그쳤다. 당일 오후 5시에 부인과 함께 루스벨트를 만나 1시간가량 환담하였다. 정식회담 일정을 조율하는 과정에서 애초 중국 측이 배제된 데 대해 장제스는 쑹메이링을 통해 이 문제에 대해 중시할 것을 요청하였다. 그러자 당일 저녁 루스벨트는 급히 방식을 바꾸어 중·미·영 3국 참모단이 함께 일정을 조율하도록 조치하였다.

11월 23일 루스벨트의 주재로 3국 영수회담이 정식 개최되었다. 연합군 동남아전구 총사령관 마운트배튼Louis Mountbatten이 버마(미얀마) 반공계획에 관한 보고를 마친 뒤 3국 영수는 토론을 개시하였다. 버마 탈

카이로회담 시의 장제스, 루스벨트, 처칠(왼쪽부터, 1943. 11. 23)

환을 위해서는 해군과 육군의 연합작전이 필수적이라는 장제스의 주장에 대해 처칠이 다른 의견을 제시하기는 하였지만, 참석자들은 대체로 장제스의 의견을 묵인하는 입장을 취하였다.

  당일 저녁 장제스는 부인과 함께 루스벨트가 베푼 연회에 참석하여 전후 일본의 국체國體 문제, 공산주의와 제국주의 문제 등 원동대국과 관련한 정치 문제에 대해 광범위한 의견을 교환하였다. 영토 문제와 관련해서는 동북4성과 타이완 및 펑후를 전후 중국에 되돌려주어야 한다는 주장이 핵심을 이루었다. 더불어 조선독립 문제를 중시해줄 것과 이 문제에 있어서 본인(장제스)의 주장에 찬조해주기를 루스벨트에게 요구하였다. 루스벨트는 배석했던 특별보좌관 홉킨스Harry Hopkins에게 장제스

왕충후이

와의 토론 내용에 근거하여 「카이로선언」의 초안을 작성하도록 하였다. 이는 전후 한국 문제 처리 등에 있어서 전적으로 장제스의 의견과 주장을 수용하겠다는 의미이기도 하였다.

11월 24일 선언문 초안을 작성한 홉킨스가 장제스에게 의견을 구하자 장제스는 자신의 의견이 전적으로 반영되어 있음을 확인하고 '완전한 동의'를 표시하였다. 이날 저녁에는 처칠이 베푼 연회에 참석하여 주로 버마 반공작전에 관해 의견을 나누었다. 루스벨트와 비교되는 처칠의 사상과 정신, 기백과 인격에 대해 "속은 좁고 헛되이 교만하며 이기적이고 완고하다"고 평하였다.

11월 25일에는 오전과 오후 두 차례 루스벨트와 원동위원회 조직, 작전지휘 통일 문제, 일본 영토 및 연합국 영토의 피점령 혹 해방 시의 임시관리 문제, 전후 대일 처치 문제 등에 관해 의견을 나누었다. 당시 루스벨트는 "목하 가장 두통거리이자 최대의 문젯거리는 처칠이다. 영국은 중국이 강국으로 부상하는 것을 원치 않고 있다"고 하며 전후 원동 문제 처리에 관한 장제스의 의견이 온전하게 선언에 반영될 수 있을지 우려를 표시하였다.

회의선언문 최종본의 초안은 중국 국방최고위원회 비서장 왕충후이, 주소 미국대사 해리먼 W. Averell Harriman, 영국 외무차관 카도간 Alexander

Cadogan 세 사람의 논의를 거쳐 작성되었다. 당시 카도간은 전후 원동 문제 처리에 관해 처칠의 의견을 적극 반영하여 많은 의견을 제출하였다. 중국 동북과 타이완 및 펑후 열도에 관해서는 "전후 당연히 중국에 반환해야 한다"는 문구를 "일본은 당연히, 그리고 반드시 이 지역에 대한 지배권을 포기해야 한다"로 바꾸자고 주장하였다. 한국 문제에 있어서도 "가능한 빠른 시기에 한국의 자유와 독립보장"이라는 구

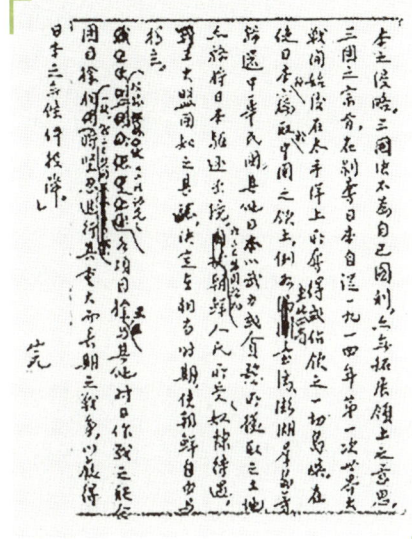

카이로회담 회의록

절을 "한국이 일본의 통치에서 벗어나게 한다"로 바꾸든지 아니면 관련 구절을 전부 삭제할 것을 주장하였다. 영국이 전후 한국독립에 관한 보증을 반대한 것은 자국의 식민지인 인도의 독립운동을 고무시킬 우려가 있다고 판단했기 때문이었다.

왕충후이의 보고를 받은 장제스는 루스벨트에게 한국의 독립을 보장하자는 중국의 제안을 지지해주도록 요청하였다. 일본군을 중국 대륙에 묶어두기 위해서는, 태평양전쟁을 승리로 이끌기 위해서는 중국의 도움이 필요했던 루스벨트는 장제스의 요청을 거부하기 어려웠다. 영국과의 관계도 고려하지 않을 수 없었다. 결국 전후 한국을 독립시키되 조건부 독립안을 제안하여 장제스와 처칠도 이에 동의하였다.

장제스의 강력한 주장과 루스벨트의 찬조로 전후 한국의 독립을 보장한다는 구절이 최종 선언문에 포함될 수 있었다. 다만 처칠의 의견을 완전히 무시할 수는 없어 '적당한 시기in due course'라는 단서가 붙게 되었다. 우여곡절이 없지 않았지만 11월 26일 오후 4시 30분, 3국 영수의 최종결정과 동의를 거쳐 이른바 「카이로선언」이 확정되었다. 선언문은 예정된 미·영·소 3국 영수의 테헤란회담 이후 공개하기로 결정되어 12월 3일 충칭과 워싱턴, 런던에서 동시에 공포되었다.

장제스는 귀국 후인 12월 20일 국방최고위원회에 출석하여 카이로회담 참가경위와 논의과정 등에 대해 보고하였다. 한국독립 문제와 관련해서는 "이 문제는 본인이 강력히 주장하고 루스벨트의 찬조를 얻어 최종 결정되었다. 루스벨트는 전후 중·미 양국이 한국인들을 훈련시키는 과정을 거친 뒤 독립을 허용하자고 주장하였다. 아울러 루스벨트는 만일 소련이 이 과정에 참여하기를 원한다면 받아들이자고 하였다"고 보고하였다.

「카이로선언」이 공포된 지 반 년가량이 지난 1944년 6월 20일, 김구는 임시정부가 충칭으로 이전한 뒤 중국 당정 각계가 도움을 주었음에 감사의 뜻을 전하는 편지를 장제스에게 보냈다. 아울러 전후 한국의 독립을 보장한다는 구절이 선언문에 포함되도록 주장을 굽히지 않았던 장제스에게 임시정부를 대표하여 고마운 마음을 전하였다.

대한민국임시정부에 대한 재정 지원

나라를 되찾기 위한 독립투쟁도 정치행위라 할 수 있다. 모든 정치활동이 그러하듯 목적하는 바를 이루기 위해서는 조직, 선전, 자금이 가장 필요한 요소이다. 중국에서 활동한 27년 동안 대한민국임시정부가 가장 어려움을 겪었던 부분은 아마도 자금 문제가 아닐까 싶다. 상하이에서 성립된 이후 10년 이상 임시정부의 운영자금은 거의 전부 국내외 동포의 약소한 성금에 의존했으므로 기구를 제대로 운영하기도 힘든 형편이었다. 그런데 윤봉길의거 후 중국으로부터 재정적 지원을 받으면서 임시정부의 형편은 조금이나마 나아졌다.

중국 측에서 임시정부에 매달 일정한 보조금을 지급한 것은 1933년 초 김구와 장제스의 첫 번째 회동 직후부터였다. 장제스는 회견 다음날 천궈푸에게 매달 5천 원의 경상비를 김구에게 지원하도록 하였다. 기타 사업비는 김구가 올린 계획서를 심의하여 타당하다고 판단되는 경우 천궈푸가 비용을 마련하여 지원하는 것으로 결정되었다.

1933년 2월부터 지원된 경비는 당시 장수성정부 주석이던 천궈푸의 특별비 항목에서 지출되었고, 1934년 이후에는 국민당 중앙당부 특별비 항목에서 집행되었다. 당시의 5천 원을 현재 가치로 환산하는 것은 쉽지 않다. 다만 참고할 수 있는 것은 1933년 상하이 일반노동자의 연평균 수입이 202원가량이었다는 점이다. 임시정부가 당시 장수성정부 소재지이던 전장鎭江으로 이전한 1935년 11월 이후로도 중국 측에서는 매달 약간의 보조금을 지원하였다.

루거우차오사건 이후 임시정부가 충칭으로 이전할 때까지도 임시정부에 대한 중국 측의 재정적·물적 지원이 계속되었다. 다만 이는 간헐적인 것이었고, 전적으로 장제스의 직접 지시에 의한 경우는 아니었다.

충칭시기 임시정부에 대한 지원은 모든 항목에서 장제스의 최종 재가를 얻어 집행되었다. 당시 임시정부에 대한 경제보조는 임시정부와 임시의정원의 경상사무비인 정무비, 한국독립당 등 각 당파의 보조비인 당무비, 군비, 교민생활비 및 특별지출비로 항목이 나뉘어 집행되었다. 이 가운데 군비와 특별지출비를 제외한 항목은 일괄적으로 임시정부에 교부되었다.

충칭시기, 특히 진주만공습 직후 미주교포들이 보내는 자금이 끊어지자 경제적 어려움에 처한 임시정부는 김구 명의로 정무비와 교민생활비 등의 지원을 주자화를 통해 장제스에게 요청하였다. 이 요청에 대해 장제스는 1941년 12월 17일 매달 6만 원을 임시정부에 지원하도록 재가하였다. 이 돈은 국민당 중앙조직부장의 특별지출비 명목으로 12월

중화민국 법폐(法幣)

26일에 처음 임시정부에 지급되어 이후 매달 정기적으로 지원되었다.

전시 충칭의 물가가 폭등한 탓에 기존의 지원금만으로는 임시정부를 제대로 운영하기 힘든 지경에 처하였다. 주자화를 통해 김구가 요청한 지원금 증액 사항을 접수한 장제스는 1943년 5월 말 임시정부의 보조비를 증액하라는 지시를 내렸다. 이에 따라 그 다음 달부터 보조비가 20만 원으로 증액되었다. 당시 국민당 비서장 우톄청은 20만 원의 용처를 한교생활비 7만 9천 원, 임시정부 사업비 9만 1천 원, 한국독립당 당비 1만 5천 원, 조선민족혁명당 당비 1만 5천 원으로 책정하였다.

이후 충칭의 물가 상승이 지속됨에 따라 임시정부에 대한 보조비는 1944년 4월부터 매달 50만 원으로 증액되었다. 1944년 9월 5일 김구를 접견한 장제스는 9월분부터 임시정부의 보조비를 매달 100만 원으로 증액하도록 지시하였다. 아울러 별도로 예비비 500만 원을 임시정부에 일시불로 지급하도록 하였다. 1945년 3월 27일에는 물가 상승을 감안하여 임시정부에 대한 보조비를 매달 300만 원으로 증액하도록 지시하였다.

임시정부에 대해 공개적으로 재정을 지원했을 뿐만 아니라 1944년 가을부터는 국민당 중앙조직부를 통해 김구에게 매달 기밀활동비 20만 원을 지급하였다. 김구는 이 돈을 혁명동지 구제를 위한 비용 및 중국 각 전구戰區와 한국 경내로 밀파하는 인원을 위한 비용으로 지출하였다. 1945년 7월경 장제스는 천궈푸의 건의를 받아 김구에게 지급하는 기밀활동비를 증액하라는 지시를 내렸다. 하지만 그 다음 달에 일본이 투항하면서 증액 집행은 이루어지지 않았다.

이처럼 정기적인 정액 지원 외에도 임시정부의 요청 혹은 중국 측의 판단에 따라 다양한 명목으로 재정 지원이 이루어졌다. 그 가운데 대표적인 것이 임시정부 청사 이전 자금 지원이다. 임시정부가 치싱강七星崗 롄화츠蓮花池로 이전하는 과정에서 1944년 11월 17일 장제스의 최종 비준을 받아 1년 치의 집세와 보증금 400만 원을 지원받음으로써 임시정부는 청사 이전을 완료할 수 있었다.

미완성의
대한민국임시정부 승인

　중일전쟁시기, 특히 대한민국임시정부가 충칭에 자리잡은 뒤 한국독립운동에 대한 중국의 지원은 이전에 비해 훨씬 적극적이고 계획적으로 진행되었다. 중국당국의 재정적 지원에 힘입어 한국광복군을 조직할 수 있었을 뿐 아니라 임시정부 운영과 대내외 활동에 더욱 적극적으로 임할 수 있었다. 그럼에도 임시정부가 국제적으로 인정받지 못한 현실은 임시정부의 활동과 전후 한국의 현실에 직접적인 영향을 끼쳤다.

　1921년 쑨원이 이끌던 광둥호법정부로부터 '사실상 승인'을 얻은 것 외에는 수십 년의 분투에도 불구하고 임시정부는 시종 국제사회로부터 정식 승인을 얻지 못하였다. 진주만공습 후 광복의 희망이 점점 농후해지자 재차 승인을 얻으려는 움직임이 나타났다. 노력의 첫 대상은 당연히 임정이 소재하고 있던 중국이었다.

　임시정부 승인 문제는 1941년 10월 중국 외교차장 궈타이치가 김구와 김원봉을 만나 좌우합작을 권고하는 과정에서 중국 측이 먼저 거론하였다. 물론 이보다 앞서 1940년 5월 23일 국민당 중앙조사통계국에서 열린 '조선혁명운동 원조 좌담회'에서 김구는 과거 광둥호법정부가 한국임시정부를 '사실상 승인'한 것을 예로 들며, 중국국민정부가 장래 한국임시정부를 정식으로 승인해주기를 바란다고 요청하였다.

중국당국에 임시정부 승인을 공식적으로 요청한 것은 1942년 1월 30일 김구가 장제스에게 보낸 「한국임시정부에 관한 절략節略」을 통해서였다. 당시 김구는 "중국이 임시정부를 승인하는 것은 두 나라 간 역사적 정치도의와 목전의 이해득실에 모두 중대한 의의를 갖고 있다"고 하며 "중국최고당국이 건국정신에 바탕하여 신속하게 결단을 내려주기 바란다"고 임시정부에 대한 조속한 승인을 요청하였다.

한국임시정부를 적극 지원했지만, 임시정부 정식 승인은 연합국과의 복잡한 이해관계가 얽혀 있어 중국이 독자적으로 결정하기 어려운 문제였다. 그러기에 중국당국은 '한국독립운동 세력이 통일을 이루지 못하고 있음'을 이유로 임시정부 승인을 미루었다. 1942년 3월 장제스는 당시 미국에 체류하고 있던 외교부장 쑹쯔원에게 "아국은 잠정적으로 임시정부를 승인하지 않으려 한다. 국제정세 및 그들의 당파 통일 상황을 보아 결정할 것"이라는 내용의 전보를 보냈다. 이것이 당시 임시정부 승인 문제에 대한 장제스의 기본적인 입장이자 반대의 이유였다.

임시정부 정식 승인은 한국독립운동가들만의 바람이 아니었다. 한국 문제에 대해 관심이 많은 중국 측 인사들과 국민당 내 한국 문제 담당자들도 수시로 임시정부 승인을 요청하였다. 1942년 4월 7일 개최된 국방

최고위원회 회의에서 쑨커는 "한국임시정부 성립 23주년 기념일인 4월 11일을 기해 정식으로 임시정부를 승인하자"고 제안하였다. 토의 결과, 소련과 영국의 반응이 염려되기는 하지만 외교부에 임시정부 정식 승인을 준비하도록 결의하였다.

쑨커

국방최고위원회 비서장 왕충후이의 관련 보고를 접한 장제스는 "당장 한국임시정부를 승인하기에는 시간이 너무 촉박하다. 이 문제는 오해의 소지를 없애기 위해 최소한 사전에 미국과 협의를 진행하거나 사전에 통보해주어야 할 것"이라며, 급하게 임시정부를 승인할 필요가 없다는 의견을 제시하였다.

중국국민당 조직부장 주자화는 1942년 5월 23일 "금년 7월 7일을 기하여 임시정부를 승인하는 것이 좋겠다"는 건의를 올렸다. 6월 11일에는 다시 10월 10일 쌍십절을 기해 임시정부를 승인할 것을 건의하였다. 1942년 7월 20일 중국국민당 중앙상무위원회 제206차 회의에서는 한국 문제에 관해 장시간의 논의를 하였다. 결론은 주자화, 우톄청 등 평소 한국 문제를 다루던 7인으로 하여금 소조小組를 조직하여 한국 문제 전반에 대해 연구하도록 하였다.

다음달 1일 국민당 중앙당부에서 첫 번째 회의를 가진 7인소조는 한국임시정부를 승인할 것인가, 승인한다면 가장 적절한 시기는 언제인가 등에 대해 깊이 논의하였다. 당일 임시정부 승인 문제에 대해서는 "다른 나라에 앞서 한국임시정부를 승인하는 것을 원칙으로 한다"는 기본방침만 정했을 뿐이었다. 승인의 적절한 시기는 정부의 결정을 따른다고 협의하였다. 이는 당의 의사보다는 외교적 상황을 고려한 정부의 결정을 우선시하겠다는 것이었다.

8월 17일 열린 7인소조의 두 번째 회의에서도 역시 임시정부 승인 문제가 논의되었다. 결론은 첫 번째 회의와 크게 다르지 않아 "적당한 시기에 한국임시정부를 승인한다"는 것이었다. 다만 지난번 회의보다 더욱 구체적으로 "승인의 적당한 시기는 장(제스) 총재에게 보고하여 결정하도록 한다"고 명시하였다. 이전과 마찬가지로 한국임시정부 정식 승인의 최종적인 결정은 장제스의 판단에 달리게 되었다.

1943년 3월 1일 중한문화협회가 주최한 강연회에서 임시정부 외무부장 조소앙은 "동맹국들이 하루속히 한국임시정부를 승인해주기 바란다"며 다시 한번 임시정부 승인 문제를 공개적으로 거론하였다. 중한문화협회 비서장 쓰투더司徒德도 동년 12월 4일 "동맹국들은 속히 한국임시정부를 승인하여 영도력을 강화시킬 필요가 있다"는 담화를 발표하여 장제스의 결단을 촉구하였다.

1944년 4월 12일 쿵샹시孔祥熙는 국방최고위원회 회의에서 장제스에게 "미국과 영국은 중국에 앞서 한국임시정부를 승인하기에는 불편한 점이 없지 않을 것이다. 중국이 솔선하여 한국임시정부를 승인하자"고 결의한 사실을 보고하고 그의 결단을 촉구하였다. 그러나 장제스는 여전히 미국과 협의가 우선되어야 한다는 이유로 임시정부 승인을 유보하였다.

1944년 6월 5일 장제스는 김구와 비밀회담을 가졌다. 이 자리에서 김구는 광복군에 대한 새로운 협정 체결, 임시정부 활동비와 정무비 지원 등을 요구하여 장제스로부터 긍정적인 답을 얻었다. 다만 이때 장제스는 임시정부 승인에 대해 여전히 시기가 성숙되지 않았음을 이유로 즉각적인 승인이 불가함을 재차 표시하였다.

중국의 승인이 이루어지지 않자 임시정부는 또 다시 공식적인 경로를 통해 중국정부의 승인을 촉구하였다. 1944년 7월 3일에는 김구를 비롯한 전 국무위원의 이름으로 승인을 요청하는 공문을 장제스에게 보내기도 하였다. 이 공문에서 김구 등은 "한국임시정부가 아직 동맹국으로부터 정식으로 승인받지 못한 관계로 군사작전에 참가하지 못하고 있다"며 "지난해 카이로회담에서 전후 한국의 독립을 창도하고 보장했던 정신을 되살려 중국정부가 솔선하여 한국임시정부를 승인하여 달라"고 요청하였다.

한국임시정부 정식 승인은 외교적 문제이기도 했던 만큼 실제 외교 사무를 담당하는 외교부의 판단이 장제스의 결정에 큰 영향을 미쳤다. 한국임시정부 승인 문제와 관련하여 중국 외교부에서는 1942년 4월 1일 그 이폐利弊를 밝히는 보고서를 장제스에게 올린 바 있었다. 같은 해 12월 15일 국민당 중앙당부 비서처는 장제스와 상무위원회의 지시사항이라며 "원칙상 타국에 앞서 한국임시정부를 승인하되 그 시기는 외교부에서 총재의 지시를 받아 선정한다"는 공함公函을 외교부에 전달하였다.

1944년 6월 29일 김구는 성명서와 비망록 각 1부를 중국 외교부에

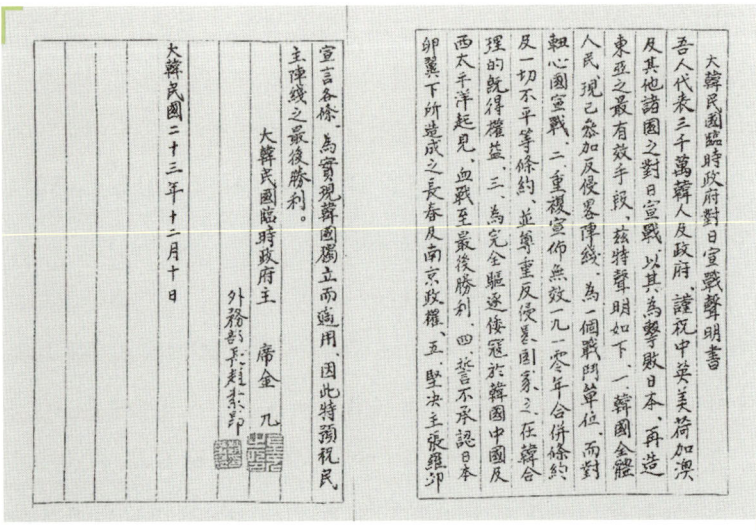

대한민국임시정부의 대일선전성명서

보내 대신 장제스에게 올려주기를 청하였다. 7월 15일 쑹쯔원은 장제스에게 한국임시정부 승인 문제와 관련하여 두 가지 사항을 먼저 고려해야 한다는 의견을 개진하였다. 첫째는 "과연 한국임시정부가 진정으로 한국 인민의 의사를 대표하는가"하는 것이고, 둘째는 "미국과 영국의 태도 및 카이로회담에 참석하지 않은 소련의 태도도 주목해야 한다"는 것이었다. 만일 중국이 한국임시정부를 승인하면 아직 태평양전쟁 참전을 표시하지 않은 데다, 전후 한국 문제의 개입을 적극적으로 고려하고 있는 소련이 오해할 소지가 크다는 것이 핵심이었다.

한국임시정부 승인 문제를 두고 장제스도 상당히 고심한 흔적이 많이 남아있다. 1944년 여름 장제스는 국민당 조직부장 우톄청에게 한국임시정부가 요구한 승인 혹은 '사실상의 승인'에 대해 논의하여 보고하라고 지시하였다. 참모총장 허잉친, 외교부장 쑹쯔원 등과 논의를 거친 우톄청은 8월 19일 "한국임시정부 내부 당파 분규가 심한 등 문제가 있어 …… 한국임시정부 승인은 적당한 시기를 기다리도록 한다. 승인 문제와 관련하여 외교부의 의견은 미·영과 보조를 같이해야 한다"는 결론에 도달했음을 장제스에게 보고하였다.

우톄청

임시정부 내부의 분열도 문제이지만, 임시정부 승인은 국제관계와 관련이 있어 부득불 충분한 고려가 있어야 한다는 의견은 장제스의 의사결정에 큰 작용을 하였다. 우톄청의 보고에 대해 9월 4일 장제스는 "한국임시정부 승인 문제는 이미 외교부장에게 잠시 대기하도록 했고 수시로 영·미와 연계하도록 지시하였다"고 회답하였다. 중국이 독자적으로 승인할 경우, 연합국 사이에 외교적 문제가 일어날 여지가 많음을 이유로 임시정부 승인 문제를 유보하기로 결정하였다는 내용이었다.

이런 사실을 알 리 없는 김구는 9월 5일 장제스를 면담한 자리에서 임시정부 승인과 독립운동에 대한 원조를 요청하는 비망록과 부대 요구 조건을 제출하였다. 「한국광복군 행동준승」 취소, 신용차관 방식으로 임시정부 특별활동비 5천만 원 제공 등 6개 항목을 요구했는데, 그 가운데 첫 번째는 "임시정부를 합법적인 정부로 승인하여 국제 반침략 대오의 일원으로 참가할 수 있게 해 달라"는 것이었다.

장제스는 즉석에서 김구의 요구 사항에 대해 확답하지 않았다. 대신 9월 13일 김구와 박찬익이 군사위원회를 방문하자 비서처를 통해 "한국임시정부 승인 문제에 대해 중국정부는 이미 방침을 정하였다. 시기가 성숙되면 다른 나라에 앞서 한국임시정부를 정식으로 승인할 것"이라는 원론적인 뜻을 전하였다.

심정적으로는 여느 나라에 앞서 임시정부를 승인하고 싶었던 중국은 연합국의 의향을 예의 주시하였다. 중국은 전후 국제기구조직 문제를 논의하기 위해 미국에 머물고 있던 외교부 정보사(국)장 사오위린邵毓麟(초대 주한대사)을 통해 임시정부 승인 문제에 대한 미국의 입장을 확인하도록 하였다. 사오위린은 우톄청에게 "한인들이 일치단결하여 대일작전에 나선다면 고려해보겠지만, 미국은 현재 상황에서는 한국임시정부를 승인할 의사가 없음을 확인하였다"는 보고를 올렸다. 이는 곧바로 김구에게 전달되었다. 이 전보의 내용은 당연히 장제스에게 보고되어 그의 의사결정에 작용하였다.

임시정부가 정식 승인을 받지 못한 상황에서 1945년 8월 15일 일제가 무조건 항복을 선언하여 광복이 이루어졌다. 8월 21일 시안에서 충칭으로 돌아온 김구는 다음날 국민당 중앙당부에서 우톄청과 만났다. 임시정부가 순조롭게 귀국할 수 있도록 중국당국의 협조를 요청하는 한편, 재차 임시정부 승인 문제를 거론하였다. 다만 즉각적인 승인을 요구하던 이전과는 달리 당시 사정을 감안하여 "지금 당장 승인이 어렵다면 한국임시정부가 귀국한 뒤 각 방면의 영수들을 소집하여 새로운 임시정

연합국헌장 비준서 서명(1945. 8. 24)

부를 조직하거든 중국정부가 다른 나라에 앞서 새 임시정부를 승인해주기 바란다"고 요청하였다.

김구는 8월 24일 제출한 「한국임시정부의 희망사항을 담아 중국당국에 보내는 비망록」에서도 다시 각 동맹국이 하루속히 한국임시정부를 승인할 수 있도록 중국당국이 외교적 노력을 기울여줄 것을 요청하였다.

연합국과의 관계 때문에 독자적으로 한국임시정부를 승인할 수 없었지만, 장제스는 충칭의 임시정부를 한국 인민을 대표하는 실질적 정부로 인정하고 있었다. 1945년 9월 15일, 미국에 머물고 있던 외교부장 쑹쯔원과 주미대사 웨이다오밍魏道明에게 보낸 전보에서 "완전한 독립이 부여되기 전 한국에 들어설 과도정부는 충칭에서 활동하던 (임시)정부를 기초로 이를 확충하여 조직하는 것이 타당할 것"이라고 지시한 것이 이를 증명한다.

귀국을 준비하고 있던 1945년 9월 26일, 김구는 "국내외 정세가 긴박하게 돌아가고 있는 지금, 한국임시정부를 최소한 비정식의 혁명적 과도정권으로 묵인하도록 미국정부에 요청해 달라"는 내용을 담은 공함을 장제스에게 제출하였다.

다음달 29일 장제스와 회동한 자리에서 김구는 "미국은 여전히 한국임시정부를 승인할 의사가 없어 보인다"며 안타까움과 아쉬움을 토로하였다. 이에 장제스는 "미국의 태도도 점차 나아질 것이니 너무 염려하지 말라"고 위로하였다. 그로부터 얼마 뒤 김구를 비롯한 한국임시정부 요인들이 충칭을 떠나 귀국길에 올랐다. 그러나 미국의 반대로 인하여 장제스는 끝내 한국임시정부를 정식 승인하지 못하였다.

대한민국임시정부 환송과
주화대표단 설립 승인

미국 OSS Office of Strategic Services(전략정보국)와 국내 진입작전을 협의하기 위해 시안에 머물고 있던 김구는 산시성주석 주사오저우祝紹周를 통해 일제의 항복 소식을 들었다. 당시 주석 김구를 수행하던 광복군 총사령 이청천, 선전부장 엄항섭 등의 국무위원 상당수가 시안에 머물고 있었다. 대한민국임시정부는 일제의 항복 소식을 접한 뒤 곧바로 충칭에 있던 국무위원들만 참석한 가운데 국무회의를 개최하였다. 당일 회의의 의결사항 가운데 핵심은 정권을 국민에게 봉환奉還한다는 전제하에 임시정부는 조속히 귀국한다는 것이었다.

임시정부의 조속한 귀국을 위해서는 중국의 협조가 절대적으로 필요하였다. 특히 충칭에서 국내로 귀국하는 데 교통편을 마련해야 하는 것은 물론이고, 막대한 경비도 소요될 것이었다. 이는 중국 측의 도움 없이는 해결하기 어려운 문제였다.

시안에서 검열을 받고 있는 한국광복군

　귀국을 위한 임시정부의 일차적인 교섭 대상은 중국국민당이었다. 비록 중국정부가 임시정부를 '사실상 승인'하고 있었지만, 공식적으로는 인정하지 않고 있었기에 정부 대 정부의 교섭이 이루어질 수 없었기 때문이었다. 교섭은 주로 국민당 비서장 우톄청에게 요구사항을 제출하고, 우톄청이 장제스에게 보고하여 최종 재가를 받는 방식으로 진행되었다. 김구가 장제스와 직접 만나 요구사항을 제출하는 경우도 있었다.
　8월 21일 시안에서 충칭으로 돌아온 김구는 다음날 국민당 중앙당부에서 우톄청을 만났다. 이것이 임시정부 환국을 위한 중국당국과의 첫 번째 교섭이었다. 이틀 뒤인 8월 24일 김구는 요구사항 일곱 가지를 정리한 비망록을 제출하였다. 그 가운데 핵심은 "동맹국에게 임시정부 승

이범석(맨 아랫줄 가운데)과 미국 OSS대원

인을 제의해줄 것"과 "미군부에 귀국을 협상해줄 것", "중국 화폐로 3억 원을 지원해줄 것" 등이었다. 임시정부의 요구사항은 8월 29일 우톄청을 통해 장제스에게 보고되었다. 이 요청에 근거하여 임시정부와 김구에 대한 단일 항목의 최대 지원이 이루어지게 되었다.

일본의 패망 후 귀국을 준비하고 있던 김구는 "각지에 간부를 파견하여 중국군과 협조하여 한적韓籍 청년들을 조직하고자 한다"며 최초로 법폐法幣 3억 원 차관을 요청하였다. 9월 26일 장제스를 만난 자리에서 제출한 요청서에도 금액은 역시 3억 원으로 되어 있다. 그러나 이에 앞서 9월 21일 우톄청이 장제스에게 올린 보고에는 "임시정부의 귀국과 각지에 간부를 보내 한적 청년들을 위무하기 위한 필요에서 김구 주석이 5천만 원의 차관 제공을 요청"했다고 명시되어 있다.

　김구의 요청액은 전후 차이가 있지만, 장제스는 총 1억 원을 김구에게 제공하도록 하고, 우선 5천만 원을 재정부에서 지불하라는 비시批示를 내렸다. 10월 5일에는 이와는 별도로 "따로 미화 20만 달러를 지급하라"는 지시를 내렸다. 중국 재정부의 긴급명령지불서에 따르면 5천 4백만 원(법폐 5천만 원, 미화 20만 달러)이 1945년 12월 11일 중앙은행 업무국으로 이체되었다.

　환국 전 임시정부에 지원한 금액이 얼마인지에 대해 약간씩 다른 기록이 보인다. 우톄청을 통해 김구의 청구를 접수한 장제스는 참군장 상전商震으로 하여금 지급업무를 담당하도록 하였다. 5천만 원, 1억 원이 여러 차례 언급되어 상전은 갈피를 잡을 수 없었다. 이에 10월 28일 임시정부 지원금 총액이 얼마인지 결재를 청하였다. 장제스는 "총 1억 원"이라고 비시하였다. 그러나 일기의 '지난 주 반성록'에는 "한국혁명당 김구 주석에게 법폐 1억 5천만 원과 따로 미화 20만 달러를 지원하였다"고 기록되어 있다. 기타 기록들을 종합해볼 때 장제스의 기억에 착오가 있었던 것으로 보인다.

　20만 달러는 미군정하의 당시 한국 사정을 감안하여 당분간 주미 중국대사관에서 보관하기로 하였다. 후일 이승만이 이 돈의 존재를 알고 자신의 명의로 미국안전신탁공사에 예치하도록 중국 측에 요청하여 논란이 되었다.

　10월 15일 국민당 비서장 우톄청은 환국을 앞둔 김구의 요구사항을 아래와 같이 정리하여 장제스에게 보고하였다.

1. 한국임시정부 인원과 중요 공문서 등 물품의 운송 편의를 위해 대형 수송기 1~2대를 제공하여 주기를 희망한다.
2. 상호연계의 편의를 위해 총재께서 한국임시정부 인원과 함께 한국에 파견할 중국 측 책임인사 한 명을 지목해줄 것을 청한다.
3. 귀국과 귀국 후 초기 활동에 필요한 공작비용 등 명목으로 법폐 5천만 원과 미화 50만 달러를 지원해주기 바란다.
4. 충칭에 잔류한 임시정부 인원과 한교의 선후善後 문제를 처리하도록 박찬익과 민석린 두 사람을 계속 충칭에 머물게 할 예정이다. 이 두 사람은 또한 중국국민당 및 중국정부와의 연락업무를 담당할 것이다.
5. 귀국 후 중국국민당과의 연계와 통신에 활용할 수 있도록 무전송신기 한 대를 제공해 주기 바란다.
6. 직접 만나 작별인사를 나누고 감사의 뜻을 전할 수 있도록 접견일을 정하여 주기 바란다.

우톄청은 한국임시정부 요원의 귀국이 멀지 않았으니 김구가 청한 이상의 몇 가지 사안은 신속하게 처리하는 것이 좋을 것이라는 첨부의견을 제시하였다. 장제스는 나흘 뒤 상기 요구사항의 각 항목에 대해 다음과 같이 결재하면서 대부분의 요구를 수용하였다.

1. 운송의 편의를 위해 항공위원회를 통해 비행기 한 대를 제공하도록 하라.
2. 우(톄청) 비서장, 청(치앤) 대리총장, 천(궈푸) 조직부장과 상의하여 적

당한 인물을 물색하라.
3. 법폐 5천만 원과 미화 20만 달러를 공여하라.
4. 한국임시정부의 청구를 수용하라.
5. 교통부에 지령하여 무전기를 제공하도록 하라.
6. 접견일자는 다음 주 월요일 오후 4시경으로 정할 것.

김구와의 회동은 10월 29일 오후 4시 관저에서 이루어졌다. 김구를 접견하고 공식적인 작별 인사를 나눈 뒤에는 곧바로 일전의 결재 내용을 실행에 옮겼다. 항공위원회 주석과 행정원 비서장에게는 임시정부 인원과 공문서 등을 상하이까지 운송할 비행기를 준비하도록 지시하였다. 교통부장에게는 임시정부에 제공할 무선전신기를 마련하도록 하였다. 교통부장은 즉각 충칭국제방송국에서 마련한 무선전신기를 국민당 중앙당부를 통해 수령할 수 있을 것이라고 보고하였다. 다음날은 천리푸陳立夫, 우톄청 및 중앙은행장 위홍쥔俞鴻鈞 등에게 임시정부 경비로 이미 지급한 5천만 원 외에 다시 5천만 원과 미화 20만 달러를 지원하도록 지시하였다.

11월 4일 국민당 중앙당부에서 임시정부 환송 다과회가 열렸다. 이 자리에 참석하여 "한국광복은 국민혁명의 역사에서 중요한 일이 아닐 수 없다. …… 한국이 하루속히 독립을 이루기를 바란다"는 축사를 하였다. 다과회가 끝난 뒤에는 상하이시장에게 "한국임시정부 김구 주석 일행이 상하이에 도착하거든 당부黨部에서 나서서 정성껏 접대하되 너무 형식에 치우치지 말라. 만일 김구 등이 상하이에서 안중근의 아들 등 반동파 한교 처리에 나서거든 이에 협조하라"고 특별지시를 내렸다.

　장제스가 특별히 안중근의 아들을 언급한 것에는 까닭이 있었다. 10월 29일 장제스를 만난 자리에서 김구는 "안중근 의사의 아들이 변절하여 일본에 투항한 뒤 상하이에서 아편을 밀매하는 등 많은 불법행위를 저지른 사실은 실로 불행하기 그지없다. …… 위원장께서 속히 상하이 경비사령부에 하명하여 체포해주기 바란다"고 요청하였다. 이에 관련 내용을 조사하여 서면으로 제출하면 적절히 조치하겠노라 답하였다. 그 약속을 지키기 위해 상하이시장에게 특별지시를 내렸던 것이다.

　중국과 미국의 교섭에 따라 임시정부의 환국 노선은 충칭에서 상하이를 거치는 것으로 결정되었다. 교통편은 상하이까지는 중국 측에서, 상하이에서 서울까지는 미국 측에서 제공하기로 하였다. 11월 5일 비행기 두 대에 분승하여 충칭을 출발한 임시정부 요인들은 이날 오후 상하이에 도착하였다. 11월 8일 김구는 상하이에서 전보를 보내 무사히 도착했음을 알리고, 그간의 후의에 대해 감사의 뜻을 표하였다.

　상하이에 도착한 임시정부 요인들은 즉각 귀국할 수 없었다. 맥아더Douglas MacArthur는 이미 임시정부의 입국을 승인하였으나, 미군정이 정부의 이름으로 임시정부 요인들이 환국하는 것을 반대하여 교통편을 제공하지 않았기 때문이었다. 중국당국은 9월 중 이미 임시정부의 환국에 필요한 비행기 제공 문제를 미국과 교섭하기 시작하였다. 그러나 임시정부 요인들이 상하이에 도착한 지 며칠이 지나도록 비행기가 마련되지 않았다.

　장제스는 11월 12일 비망록을 발송하여 미국 측에 신속한 비행기 제공을 요구하였다. 개인 자격으로 입국하는 것에 동의하는 서약이라는 전제조건이 해결된 뒤였지만, 11월 21일 주상하이 미군 총사령부는 "귀방(중국)이 요청한 C-47수송기 한 대가 한국을 출발, 상하이에 도착하였다. 기상 상태를 보아 우선 김구 등 15인을 귀국시키고, 나머지 인원은 주한미군 총사령부와 협의하여 귀국 방법을 정할 것"이라는 비망록을 장제스에게 보내왔다. 주석과 부주석이 포함된 제1진은 11월 23일에, 제2진은 12월 2일에 귀국하였다.

해방을 맞이한 임시정부가 수행해야 할 과제는 수없이 많았다. 그 가운데 하나가 중국 각지에 흩어져 있는 교포들의 생명과 재산을 보호하고, 이들을 무사히 귀국시키는 일이었다. 또 다른 하나는 적군으로 끌려온 한적 청년들을 광복군으로 편입시키는 일이었다.

앞서 살펴보았듯이 김구는 8월 24일 임시정부의 요구사항 7가지를 정리한 비망록을 제출하였다. 그 가운데 세 번째 항목은 "조속히 중국 연해지역 각지에 기구를 설치할 필요가 있으니 협조해 달라"는 것이었다. 이를 바탕으로 하여 후일 교포들을 관리하고 중국당국과 접촉하는 공식 창구인 주화대표단駐華代表團이 정식으로 성립되었다.

김구는 9월 26일 장제스에게 제출한 건의문에서도 한교 관리와 이색분자 색출을 위해 특별기구 설립이 필요하다고 강조한 바 있었다. 10월 15일 우톄청이 김구의 요청을 정리하여 올린 보고에도 충칭에 잔류한 임시정부 요인과 한교의 선후 문제를 처리하도록 박찬익과 민석린 두 사람을 계속 충칭에 머물게 할 예정이라는 내용이 있었다. 이에 대해 장제스는 "한국임시정부의 청구를 수용하라"고 결재하였다. 아직 중국당국의 공식적인 승인이 있기 전인 10월 19일, 임시정부는 한교사무와 한적 사

환국 전 대한민국임시정부 요인

병 문제를 담당하고 중국당국과 연락을 취할 주화대표단을 조직하였다.

중국 측의 승낙이 있기 전 임시정부는 직접 교포들을 대상으로 선무宣撫공작을 진행하기 위해 한교선무단을 조직해 활동하였다. 최종적으로는 10월 29일 장제스와 만난 자리에서 김구가 "한국임시정부 인원들이 귀국한 뒤에도 충칭에 대표단을 상주시켜 중국정부와 계속 연락을 취하도록 하겠다"고 청하였다. 이에 장제스가 "좋다"는 답을 하면서 주화대표단 설립이 중국최고당국의 인가를 얻게 되었다.

1945년 11월 1일, 이미 중국 각지에서 활동하고 있던 한교선무단을 골간으로 박찬익을 단장, 민석린을 대표로 한 주화대표단이 정식 성립되었다. 이후 주화대표단은 임시정부를 대신하여 중국 내 교포들에 대한 보호와 귀환 등의 업무를 담당하였다. 주화대표단이 정식 성립된 사실을 보고받지 못했던 12월 1일, 장제스는 징후항京滬杭(난징, 상하이, 항저우) 경비사령에게 "한교를 일본 포로와 동등하게 대우해서는 안 될 것"이라는 지시를 내렸다. 김구의 여러 차례 건의를 받아들여 선량한 한교 보호에 최선을 다하라고 명령한 것이다.

이와는 별도로 장제스는 임시정부 요인들이 귀국한 뒤에도 계속 충칭에 남아 있던 권속들의 안전에도 큰 관심을 보였다. 12월 11일 우톄청에게 "현재 충칭에 잔류한 한국임시정부 인원 및 그 권속이 상하이로 안전하게 이동할 수 있도록 중앙당부에서 협조하라. 이들에 대한 우대 차원에서 일반 민간인과 같은 선박을 제공하지 말고 정부에서 별도로 선박을 마련하라"고 지시한 것이 대표적인 경우였다.

해방기 한국 문제에 대한 관심

장제스가 해방 후의 한국 문제에 대해 상당한 신경을 쓰고 있었음은 여러 경로를 통해 확인할 수 있다. 예를 들어 1945년 9월 15일, 미국에 머물고 있던 외교부장 쑹쯔원과 주미대사 위다오밍에게 보낸 전문을 보면 "트루먼Harry S. Truman 대통령을 만나 미국의 대한 정책이 도대체 무엇인지 분명하게 확인하라. 아국(중국) 정부는 이전 루스벨트 대통령과 상의했던 방침대로 우선 4국이 공동으로 한인들이 훈정정부를 조직하는 것을 돕고 그다음 단계로 완전한 독립을 부여할 것을 주장한다. 훈정정부는 충칭에서 활동하던 (임시)정부를 기초로 이를 확충하여 조직하는 것이 타당할 것이다. 그렇지 않고 새로 정부를 구성한다면 공산당이 이 정부를 장악할 가능성이 다분하다. 이 문제는 매우 중요하니 속히 미국 정부와 확실히 의견을 나누고 결과를 상세히 보고하라"고 지시하였다.

1947년 9월 21일 연합국 제2차대회에 중국 측 수석대표로 참석한 외

난징 환도(還都) 시의 장제스(1946. 5)

교부장 왕스제王世杰에게는 "한국의 통일독립과 관련한 어떠한 건의도 아국은 찬동하거나 혹은 촉성해야 할 것이다. 부장께서는 이 원칙에 따라 관련 문제를 전권 처리하라"고 지시하였다.

해방 초기 한국 내부의 가장 큰 정치적 이슈는 신탁통치 반대운동이었다. 1946년 12월 김구는 대대적인 반탁反託운동을 전개하기로 이승만과 합의하였다. 반탁운동을 진행하는 과정에서 두 사람은 임무를 나누었다. 김구는 국내에서 임시정부를 기반으로 과도정권 수립을 위해 노력하기로 했고, 이승만은 미국으로 건너가 미국당국과 직접적인 협상을 진행하기로 하였다. 운동 진행의 순서는 이승만이 먼저 미국에서 계획을 실행하고, 실패할 경우에는 국내에서 김구의 구상을 실천하기로 합의하였다.

　미국 내 활동이 실패하자 이승만은 귀국을 준비하였다. 미국무성과 미군정의 방해로 이것조차 여의치 않은 상황이 되자 이승만은 장제스에게 도움을 청하였다. 이승만이 주미 중국대사관을 통해 중국 방문의 뜻을 전한 것은 1947년 1월이었다. 장제스는 주미 중국대사관을 통해 "2월 상순 미국을 출발하여 한국으로 귀국하는 길에 잠시 난징에 들르고자 한다"는 이승만의 뜻을 전달받았다. 이에 2월 6일 주미대사 구웨이쥔에게 "예방을 환영한다고 전해주기 바란다"는 답전을 발송하였다.

　이승만이 장제스와 맨 처음 연락을 취한 것은 1946년 말이었다. 당시 주미 중국대사관 참사參事로 있던 천즈마이陳之邁를 통해 장제스에게 편지를 발송하였다. 이 편지에서 이승만은 당시 한국의 정치상황을 전하며 두 가지 요구사항을 제출하였다. 첫 번째는 중국이 한성에 대표를 상주시켜 달라는 것이었고, 두 번째는 1945년 임시정부 환국 시 제공을 약속한 미화 20만 달러를 자신의 명의로 예치해 달라는 것이었다.

　20만 달러는 김구가 수령하여 활동비로 사용하도록 지정되어 있었기에 이승만의 요구에 중국당국은 당혹감을 감출 수 없었다. 당시 김구는 이 돈을 가지고 귀국할 수 없는 상황이었으므로, 우선 주미 중국대사관에서 보관해 두었다가 기회를 보아 한국으로 송금해줄 것을 요청하였다. 그러나 당시 미국과 한국 사이에는 송금이 불가능한 까닭에 김구는 박찬익을 국민당 비서처에 보내 이 문제를 상의하도록 하였다. 논의한 결과, 이 돈을 다시 중국으로 송금하여 잠시 주화대표단 명의로 중국은행에 예치해 두도록 하였다. 그리고 반드시 국민당 비서처의 증명이 있어야만 돈을 인출할 수 있도록 하였다. 박찬익은 이후로도 여러 차례 국민당 비서처를 방문하여 이 돈을 수령할 방법을 문의했으나, 최종적인 결정이 내려지지 않았다.

한국에 대표를 파견하여 상주시키는 문제에 대해서는 중국도 오래전부터 이런 뜻을 가지고 있었다. 장제스의 지시를 받은 외교부는 2월 말 류위완劉馭萬을 주한 총영사에 임명하기로 하였음을 보고하였다.

20만 달러를 자신 명의로 예치해 달라는 이승만의 요청은 이후로도 계속되었다. 1946년 2월 15일 이승만은 "20만 달러를 본인 명의로 미국 안전신탁공사American Security and Trust Company에 예치해주시고, 본인의 대리인인 BENC. LIMB(임병직) 대령이 수령할 수 있도록 조치해 달라"는 요구를 제출하였다.

이승만의 청구를 접수한 장제스는 우톄청에게 이 문제에 대한 연구를 지시하였다. 이승만의 바람과는 달리 20만 달러 중 절반인 10만 달러는 김구 측에서 수령하였다. 나머지 절반을 처리한 경과는 관련 자료가 부족하여 밝혀내기 쉽지 않다. 이승만이 귀국한 뒤인 6월 1일, 김구는 주한 총영사 류위완을 통해 10만 달러는 박찬익에게 지급하고, 나머지 10만 달러는 당분간 중국은행에 예치해 둘 것을 청하는 내용의 전보를 우톄청에게 보내왔다. 이에 우톄청은 중국은행에 10만 달러를 지급하도록 공함을 보냈다. 임시정부 환국 시 지원을 약속했던 20만 달러 중 절반은 주인을 찾아간 셈이다.

이승만의 방문을 앞두고 각 방면에서 이승만의 해방 전 미국에서의 활동 상황과 인물평에 관한 보고가 연달아 올라왔다. 이는 아마 이승만에 대한 이해가 부족했던 장제스의 지령에 따른 것으로 보인다. 내용의 대부분은 이승만에 대해 부정적인 견해들로 채워졌다.

중일전쟁 당시 참모총장이었던 허잉친은 1946년 6월 이후 유엔안전보장이사회 군사참모단 중국대표단 단장으로 미국에 체류하고 있었다. 그는 가장 먼저 장제스에게 "연로한 데다 성격이 외고집이어서 미국인과 한국인들 모두 그다지 옹호하지 않고, 미국 군부도 지지할 의향이 별로 없는 것 같으니 너무 과도한 예우는 삼가는 것이 좋겠다"는 뜻을 전하였다.

주미대사 구웨이쥔도 "미국당국은 주한미군 철수를 주장하고, 주한미군을 공격하는가 하면, 신탁통치를 반대하는 등과 같은 움직임을 보이는 것은 원대한 식견이 부족한 탓이라고 곱지 않은 시선을 보내고 있다"며 "그를 어떻게 대우하는 것이 미국과 소련의 의구심을 불식시키는 길인지 주석께서 잘 판단하시기 바란다"고 역시 이승만에 대해 부정적인 미국 방면의 여론을 전하였다.

4월 7일 이승만은 "워싱턴 출발 날짜가 연기되어 노스웨스트 편으로 4월 11일 상하이에 도착, 중국에 이틀간 머문 뒤 도쿄로 떠날 것이니 중국에 체류하는 기간 동안 접견의 기회를 달라"는 요지의 전보를 장제스에게 보냈다. 그러나 예정과는 달리 4월 9일 상하이에 도착하여 휴식을 취한 이승만은 4월 11일 난징에 도착하였다.

난징에서 이승만을 마중한 이는 사오위린이었다. 단독으로 이승만과 장시간 대화를 나눈 사오위린은 대화의 요점을 다음의 몇 가지로 정리하여 장제스에게 보고하였다. 첫째, 이승만은 총재를 아시아의 민족 영수로 추앙하며 옹호한다고 하였다. 둘째, 이승만은 김구와의 철저한 합작을 강조하였다. 금년 7월 남한에 임시정부가 조직되면 8월경 대통령 선거를 실시할 예정이라고 하였다. 아울러 중·미 등 여러 나라가 한국의 통일을 위해 힘써주기를 청하였다. 셋째, 남한에 임시정부가 성립되면 이후 일체의 행정은 한인들이 주관할 것이나 군정 방면의 실권은 여전히 미군이 비밀리에 행사하게 될 것이라 하였다.

4월 13일 오후 5시 장제스는 상하이에서 이승만을 접견하였다. 수도인 난징이 아닌 상하이에서 두 사람이 회동한 것은 까닭이 있었다. 청명절을 맞이하여 성묘 차 고향을 찾았던 장제스가 항저우를 거쳐 12일 상하이에 도착했기 때문이었다. 두 사람이 회동하면서 현실 문제에 대해 특별한 대화를 나눈 것은 아니었다.

이승만은 과거 중국 내 한국독립운동에 대한 지지와 원조에 깊은 감사의 뜻을 표시했고, 아울러 한국이 독립을 이룰 수 있도록 계속 지지해줄 것을 청하였다. 장제스는 한국의 독립을 위해 힘껏 도울 것을 약속하였다. 나아가 동아시아의 평화를 위해 두 나라가 긴밀히 합작하여 공동 노력할 필요성을 역설하였다. 당일 일기에는 "비록 연로하지만 정신은 충하며 행동거지에 기품이 있어 동시대 여타 한국 영수들과는 다른 모습"이라며 이승만에 대해 우호적인 감상을 기록해 두었다.

결국 20만 달러를 손에 넣지 못한 이승만은 귀국 후 장제스에게 경제적 지원을 요청하였다. 1947년 10월 10일 이승만은 중국 방문 시의 환대에 감사를 표시하며 "미국에서 선전활동을 적극 진행하고자 한다. 남한에 독립정부를 구성하기 위한 선전을 진행하기 위해서는 적지 않은 경비가 필요할 것이다. 독립정부 출범은 한국에 큰 도움이 될 뿐만 아니라 자연 중국에도 많은 도움이 될 것이다. 중국 방문 시 경제 방면에서 한국을 위한 협조와 지원을 약속했는데, 만일 대사관의 비서가 직접 돈을 워싱턴의 미국안전은행에 입금하기 곤란하다면, 대사관에서 한국위원회 주석 임병직 대령에게 사람을 보내 돈을 전달하는 것도 좋을 것이다. 이 일은 비밀스럽게 처리해야 할 것이다. 목하 우리가 겪고 있는 곤란의 대부분은 금전 문제에 있다. 다시 한 번 주석의 도움을 청한다"는 내용의 편지를 발송하였다.

그해 12월 19일 외교부장 왕스제는 "이승만이 편지에서 언급한 경제적 지원 문제는 이미 우톄청 비서장을 통해 미국으로 송금을 마쳤다. 이 돈은 유엔대회에 참가하기 위해 마침 뉴욕에 머물고 있던 주한 총영사 류위완에게 은밀하게 전달하였다"는 경과보고를 올렸다. 이승만은 바라던 경제적 지원을 획득하는 데 성공했던 것으로 보이나, 그 액수와 용처는 알 수 없다.

이승만과의 진해회담

북벌전쟁 중 국민정부가 난징에 정도한 때부터 약 반 세기 동안의 오랜 집권기간에도 불구하고, 장제스가 국가원수 자격으로 출국한 것은 한 차례에 불과하였다. 1943년 11월 카이로회담에 출석한 것이 중국의 영수 자격으로 참가한 유일한 국제회의였다. 물론 일생으로 범위를 넓혀 보면 그의 해외경험이 한 차례뿐이었던 것은 아니다.

장제스는 청년 시절 유학, 신해혁명 후 정치적 망명 등과 같은 이유로 일본에 비교적 장기간 체류하였다. 1927년 8월 국민혁명군 총사령직에서 물러난 뒤에는 생애 마지막으로 일본을 방문하였다. 1923년 8월에는 손일선박사대표단 단장 자격으로 소련을 방문하였다.

여러 차례 드나든 일본을 제외하고, 장제스가 일생 동안 한 차례 이상 방문한 국가는 인도와 한국 두 나라뿐이었다. 장제스가 한국을 처음으로 방문한 것은 일제강점기인 1914년 여름으로 이 방문은 매우 비밀스럽게 진행되었다. 특별한 목적을 가졌던 두 번째 방문은 1949년에 이루어졌는데, 장제스는 이미 총통직에서 인퇴한 재야의 신분이었다. 따라서 시종 개인 자격의 방문임을 강조하여 준비과정은 은밀했고, 형식도 비교적 간소하였다.

당시 중국의 현실을 반영하여 장제스는 공산세력을 가장 증오시했고, 공산세력의 확장에 큰 우려와 경각심을 가지고 있었다. 공산세력의 확산을 저지하기 위한 방안 마련에 골몰하던 그는 공산주의의 위협에 직면한 아시아 각국이 동참하는 '연맹Union' 결성을 추진하였다. 이 과정에서 그는 연맹 결성에 가장 먼저 적극성을 보인 필리핀 대통령 키리노Elpidio Quirino와 철저한 반공주의자인 이승만을 우선적으로 손잡아야 할 대상으로 간주하였다. 키리노, 이승만과의 연쇄회담을 위해 필리핀과 한국을 각각 방문한 것이 장제스 일생 중 마지막 해외 출방出訪이었다.

장제스는 한중관계에서 항상 지원자 역할을 담당하였다. 그러나 국공내전이 가열화되어 중국 적화가 현실로 다가오자, 반공국가의 세력 결집이라는 목표를 위해 신생독립국인 한국의 지지와 협조를 필요로 하게 되었다. 해방 전과 해방기 내내 한국에 많은 실제적 도움을 주었던 지원자의 입장에서 지지를 요청하는 입장으로 바뀐 것이다. 장제스는 이를 위해 한국을 방문하여 이승만과 역사적인 진해鎭海회담을 가졌다.

1949년 국공내전의 형세가 완전히 변하여 중국 대륙의 공산화가 현실로 다가왔다. 장제스는 1월 1일 발표한 「원단문고元旦文告」에서 평화를 호소하고 이를 위해서라면 자리에 연연하지 않을 것임을 표명하였다. 약속을 실행에 옮겨 1월 21일 인퇴를 공식선언한 뒤 다음날 낙향하였다. 총통직에서 물러났지만 장제스는 집권당인 중국국민당 총재직은 유지하였다. 따라서 인퇴 후에도 당을 통해 정치와 외교 문제에 깊이 관여하였다.

군사적 노력만으로는 공산세력을 억제하는 데 한계가 있다고 인식한 장제스는 이즈음에 반공 성격을 띤 국제조직의 결성에 관심을 두었다. 그가 아시아의 반공국가가 참가하는 집단안보체제 구축의 실현 가능성에 낙관적인 생각을 하게 된 결정적 계기는, 1949년 4월 북대서양조약 North Atlantic Treaty 체결이었다. 이에 국제정세의 변화에 주목하면서 반공을 표방한 연맹조직 구상을 구체화하였다.

1949년 7월 10일과 11일, 장제스는 필리핀 하계수도 바기오Bagio에서 키리노와 두 차례 회담을 가졌다. 두 번째 공식회담 시 장제스는 반공 문제를 더욱 구체화하기 위해 한국도 동참시키는 것이 어떻겠느냐는 의견을 제시하였다. 키리노의 동의를 얻어 "공산세력의 위협에 맞서기 위해 원동국가들이 참가하는 연맹을 조직하자는 데 키리노와 뜻을 같이 하였다. 얼굴을 맞대고 이 문제를 논의하고 싶다"는 전보를 이승만에게 발송하였다.

이승만은 연맹에 지대한 관심이 있음을 표시했고, 한국 정부는 정식으로 장제스의 방한을 요청하는 조회照會를 제출하였다. 이와는 별도로 7월 19일 이승만은 "연맹이 결실을 맺을 수 있도록 한국에서 만나 문제를 논의하는 것이 좋겠다"는 답전을 보내기도 하였다. 당일 장제스는 8월 중 개인 자격으로 한국을 방문할 예정임을 주한 총영사관에 전하고 한국당국과 관련 문제를 협의하도록 지시하였다.

장제스가 이승만에게 반공을 목표로 긴밀히 연계를 취하자는 바람을 처음 내보인 것은 1949년 7월 초였다. 당시 장제스는 "귀아 양국이 반공을 위해 분투한다면 정의가 반드시 승리하게 될 것"이라며 "두 나라가 행동을 일치하여 반공의 홍류洪流를 이루어 인류자유와 세계평화를 위해 노력하자"고 제안하였다.

이승만은 즉시 이에 화답하여 "장 위원장의 결연한 반공 입장을 적극 지지하며 환영한다. 방한하여 '동방연맹東方聯盟' 결성 문제를 의논하고 '태평양공약' 건립을 위해 함께 노력하기를 희망한다"며 한국은 무조건 국민정부의 편에 설 것임을 약속하였다. 다만 중국과 한국 두 나라가 공동 반공을 위해 군사동맹을 체결할 가능성에 대해서는 유보적인 태도를 취하였다. 이는 반공연맹 결성 등과 같은 아시아·태평양연안의 사무에는 미국의 의향이 절대적으로 작용할 것임을 잘 알고 있는 이승만의 현실 인식이 반영된 것이었다.

연맹 결성에 비상한 관심을 보인 이승만은 의욕적으로 임하며 장제스의 방한에 맞추어 키리노는 물론 맥아더까지 자리를 같이 하기를 희망하였다. 이에 키리노에게 별도의 전보를 보내 반공연맹 결성 문제에 대해 원칙적으로 동의한다는 입장을 표시하며, 장제스와 동시에 방한하기를 청하였다. 이승만이 장제스뿐만 아니라 키리노와 맥아더까지 한자리에 모이기를 희망한 것은, 이 기회를 통해 자신의 대내외 위신을 제고하려는 의도도 없지 않았다.

바기오회담 시 이미 연맹 결성 논의 과정에 이승만과 의견을 나누기로 키리노의 동의를 얻었지만, 이승만의 공식적인 방한 요청을 접한 장제스는 키리노의 의사를 재확인하지 않을 수 없었다. 키리노는 장제스의 방한에 대해 적극 찬성하며 "이 기회에 이승만도 정식으로 한국이 연맹에 가입하기를 희망한다고 발표하기를 원한다"는 뜻을 나타냈다.

비록 태평양조약 체결을 창도하기는 했지만, 엄밀히 말해 키리노의 본뜻은 다른 데 있었다. 필리핀은 대선을 앞두고 있었던 것이다. 키리노는 연맹 조직에 적극적인 자세를 보이고 이를 창도함으로써 자신의 주가를 올리려는 계산도 하고 있었다.

맥아더의 방한은 사실상 실현 가능성이 매우 희박한, 이승만의 일방적인 바람에 불과하였다. 미국은 공산 진영과의 마찰이 빚어지는 것을 원치 않는 입장인 데다가 미국무성의 배척을 받고 있던 장제스가 맥아더와 한자리에서 반공 문제에 주안점을 두고 논의를 진행한다는 것은 당시로서는 상상할 수 없는 것이었다. 당연히 장제스도 맥아더의 방한 가능성에 대해서는 전혀 기대를 나타내지 않았다.

장제스의 방한을 준비하는 과정에서 한국당국과의 연락은 초대 주한 대사 사오위린이 담당하였다. 1945년 겨울 사오위린은 군사위원회 위원장의 특파에 의해 주한 대표로 임명되었다. 사오위린은 대한민국임시정부가 충칭에서 활동할 때, 중국 외교부 정보사(국)장으로 이범석, 이청천, 김홍일 등 한국 인사들과 인연을 맺었으며, 이승만이 중국을 방문했을 때 접대를 담당하여 이승만과도 친분이 있는 사이였다.

7월 25일 사오위린이 한국에 도착한 당일, 이승만은 장제스가 방한하기로 했음을 공개적으로 발표하고, 조선호텔 전체를 장제스와 수행원의 숙소로 비워두도록 지시하였다. 7월 28일 국서國書와 장제스의 서한을 이승만에게 제출한 사오위린은 연일 방한 일정과 회담 장소를 정하는 문제로 이승만의 부름을 받았다.

주한대사 직무를 수행하기 위해 출국하기 전인 7월 초, 사오위린은 타이베이에서 두 차례 장제스를 만나 원동반공연맹 조직 구상에 대해 의견을 나누었다. 당시 이미 필리핀과 한국 방문을 계획하고 있었던 장제스는 재야의 신분임을 고려하여 서울 이외의 장소에서 회담을 갖기를 바랐다. 이에 1947년 중국을 방문했던 이승만이 장차 함께 금강산을 유람하자고 제안했던 것을 떠올리며 회담 장소로 금강산을 언급하였다. 금강산이 북한에 있다는 것조차 모르고 있었던 것이다. 조용한 장소를 원하는 장제스의 바람을 전하며 사오위린은 제주도가 어떤지 이승만의 의견을 구하였다. 이승만은 비행장과 항구 설비가 미비하여 제주도는 적당하지 않다며 진해를 회담장소로 제안하였다. 만일 장제스가 이에 동의한다면 진해까지의 교통 편은 배와 비행기를 이용하는 두 가지 가운데 하나를 선택하기로 하였다.

군함을 이용하면 타이완에서 진해까지는 약 이틀이 소요될 것이고, 이 방법은 안전과 기밀의 확보에 유리할 것이라는 점이 강조되었다. 비행기를 이용할 경우에는 먼저 서울에 도착한 후 열차를 타고 진해로 가는 방안과, 소형비행기로 환승한 뒤 진해로 가는 방안 두 가지가 논의되었다. 마지막 방안은 진해공항의 통신 설비가 열악한 데다 기상 상태를 고려할 때 가장 불안전한 경로라는 점이 문제로 지적되었다. 이승만으로부터 은밀한 지령을 받은 한국 해군참모총장과 사오위린은 논의 결과, 함정을 이용하는 것이 가장 타당하다는 결론에 도달하였다.

첫 번째 타이완 순시(1946. 10. 21)

　한국정부와 교통편에 대한 구체적 논의가 있기 전, 장제스는 이미 방한 시 해군 함정을 이용하고자 준비를 지시하였다. 해군총부에서는 네 척의 군함을 지룽^{基隆}항에 집결하도록 하였다. 그러나 이 무렵 서해상에 소련 잠수함과 수상비행기가 출몰하는 등 안전상의 문제가 대두되어 해군 함정을 이용하려던 계획에 차질이 빚어지게 되었다. 마침 이승만은 안전과 교통편의 등을 고려하여 진해를 회의 장소로 강력히 추천했고, 진해까지는 비행기를 이용하는 것으로 잠정 결정되었다. 사오위린을 통해 이승만의 의사를 전달받은 장제스의 최종적인 재가에 따라 회의 장소는 진해로 확정되었다.

　장제스의 방한 문제를 두고 논의를 진행하는 과정에서 이승만은 원동

반공연맹의 전도前途에 대해 매우 낙관적인 생각을 갖고 있었다. 그는 원동사무에 있어 중국과 한국에 비우호적인 미국무성의 태도를 변화시켜 적극적인 지지와 원조를 이끌어낼 수 있을 것으로 자신하였다. 이 단계에서는 장제스도 이승만까지 합세한다면 충분히 미국을 설득시켜 연맹에 대한 지지를 이끌어낼 수 있을 것이라 기대하였다.

방한 형식에 대한 장제스의 요구는 간단하였다. 한국 도착과 동시에 원동국가 연맹 문제에 관한 의견 교환을 위해 개인 자격으로 방한하게 되었다는 성명을 발표하고, 동시에 이승만도 같은 내용의 성명을 발표하자는 것이 첫 번째 요구였다. 외부의 불필요한 간섭을 피하기 위해 자신은 한국 땅을 밟기 전까지는 대외적으로 어떠한 소식도 공포하지 않을 것이며, 이승만 또한 회담과 관련한 소식이 밖으로 알려지지 않도록 해달라는 것이 두 번째 요구였다. 마지막 요구사항은 방한 일정이 최대 사흘을 넘기지 않을 것이므로 공개적인 연회나 대규모 집회에는 참가하지 않겠다는 것이었다.

필리핀 방문 때와 마찬가지로 장제스가 자신이 개인 자격으로 방문했음을 특별히 강조한 것은 나름의 배경이 있었다. 이 배경은 그가 의연히 총통직에서 물러날 때 고려한 사항 가운데 하나였다. 하야의 이해득실을 고민하고 분석한 장제스는 반공을 위해서는 미국의 도움이 절실하지만, 도움을 얻기 위해서는 간섭을 받는 것 또한 불가피함을 잘 알고 있었다. 자신이 총통직에서 인퇴한다면 당장의 정치 책임에서 자유로울 것이며, 미국을 비롯한 열강의 간섭을 받지 않고 재야의 혁명 영수 자격으로 자유로운 언행을 펼칠 수 있을 것이라 계산한 것이었다.

이승만의 영접을 받는 장제스(1949. 8. 6)

실제로 하야 후 미국은 이전과는 달리 장제스의 언행에 대해 직접적으로 간섭할 명분을 상실하여 장제스는 훨씬 자유로운 활동을 할 수 있었다. 필리핀과 한국을 자유의지에 따라 방문할 수 있었던 것도 총통직에서 물러난 재야의 신분이었기 때문에 가능하였던 것이다.

회의 장소가 진해로 정해지면서 방한일자를 정하기 위한 긴밀한 논의가 이루어졌다. 애초 장제스는 8월경 방한 예정임을 표시했을 뿐 구체적인 날짜는 제시하지는 않았다. 마침 8월 15일이 광복절이자 정부수립기념일인지라 이때와 겹치게 되면 여러 면에서 불편할 뿐 아니라 불필요한 오해를 불러일으킬 소지도 있었다. 이에 이승만은 광복절 일주일 전 혹은 일주일 후에 방문하기를 희망하고, 최종적으로 날짜가 정해지면 3~5일 전에 은밀히 통보해줄 것을 요청하였다. 하루라도 속히 이승만과의 회동을 원한 장제스는 8월 3일 방한하기를 희망하였다. 사오위린을 통해 장제스의 뜻을 전달받은 이승만은 준비 시간이 너무 부족하다는 이유로 8월 5일 혹은 8월 6일 방한하기를 희망하였다. 결국 한국 측의 요청에 따라 방한일은 8월 6일로 정해졌다.

 8월 6일 오후 장제스는 고문과 비서 등 20명의 수행원과 함께 진해비행장에 도착하여 사전에 준비한 성명을 발표하였다. 그는 한국의 독립 실현이야말로 자신의 가장 큰 바람이었음을 강조하며, 항일과 독립을 위해 중한이 긴밀히 협조하고 함께 분투한 과거 역사를 재현할 필요가 절실하다는 간절함을 표시하였다. 방한의 목적은 공산주의의 위협에 직면한 중한 두 나라의 현실을 타개하기 위한 방안을 함께 연구하고, 원동 각국이 반공연맹을 조직하는 문제를 두고 이승만 대통령과 깊이 논의하기 위해서임을 분명히 하였다.

 장제스의 성명과 동시에 발표한 성명에서 이승만 역시 "논의 중인 태평양공약연맹Union of Asiatic or Pacific Countries을 주제로 쌍방이 충분한 의견을 교환할 것"임을 밝혔다. 두 사람의 성명은 공히 진해회담의 기본적인 임무와 목적이 원동반공연맹 결성 가능성을 타진하고 실현의 구체적 방법을 논의하는 데 있음을 분명히 드러냈다. 특히 이승만은 「연합국헌장」에서 규정한 국제사회의 평화 실현을 목적으로 최근 일부 연합국 회원국이 공동으로 체결한 지역성 공약을 언급하였다. 이는 이승만 역시 북대서양조약을 논의 중인 원동반공연맹의 모범으로 삼고 있었음을 보여주는 대목이다.

 8월 7일 오전 10시 정식회의가 시작되었다. 2시간 반에 걸친 논의 끝에 쌍방은 순조롭게 협의에 도달하였다. 정식회담은 한 차례에 불과하였다. 그렇지만 공산주의 세력의 확산에 맞서 아시아 각국이 동참하는 연맹 결성을 추진하자는 데 뜻을 같이했기에 이를 정리하여 공식화한 연합성명 발표에는 이견이 없었다. 8월 8일 오전 진해회담의 성과를 정리하여 장제스와 이승만이 공동 서명한 연합성명이 발표되었다.

연합성명은 8월 7일의 정식회담에서 논의되고 협의를 달성한 사항들을 정리하여 서면으로 발표한 것이었다. 핵심은 중한 두 나라 영수가 반공의 태도를 명확히 하고 국제공산주의의 위협에 맞서 개별적으로 대항하는 한편으로 공동 반공의 길을 걷기로 약조한 것이었다. 이는 표면적으로 연맹조직을 위한 논의가 진일보하였다는 의미를 부여할 수 있을 것이다. 다만 연합성명의 발표로 인해 애매한 국제환경 속에서 반공을 표방한 연맹조직을 구체화시키기 위해 기울여야 할 노력과 난도는 더욱 제고提高되었다.

진해회담은 반공에 대한 중한 두 나라의 뜻이 같고, 반공의 입장을 지닌 태평양연안 국가, 특히 원동 각국이 동참하는 연맹 결성을 위해 함께 노력하자는 뜻을 확인했다는 점에서 무엇보다도 의미가 있었다. 다만 바람대로 원동 각국이 참가하는 반공을 표방한 연맹체가 제대로 결성될 수 있을지는 두 사람의 의지나 노력보다도 국제사회의 반응과 관심이 더욱 큰 영향을 미칠 수밖에 없었다. 이 부분에 대해 장제스와 이승만은 너무 낙관적이었던 탓에 관련있는 각국과의 사전 접촉 및 설득을 소홀히 하였다.

회담의 주제는 연맹 결성 문제에 한정했지만, 장제스는 정식회담 이

외의 자리에서는 중한 경제합작의 필요성과 가능성에 대해 언급하며 조속한 실현을 희망하였다. 정식회담이 끝난 뒤인 8월 7일 저녁, 이승만 부부가 베푼 만찬이 열렸다. 이때 치사에서 장제스는 중한 두 나라의 통상, 공업기술 방면에서의 호조합작, 해상과 공중운수의 확대 등 양국의 경제적 관계와 향후 합작방향 등에 대해 언급하였다. 특히 "생산, 소비, 분배, 운수 등 각 방면에서 중한 두 나라가 협조하고 조화를 이룬다면 원동의 평화 유지를 위해 충분한 실력을 갖출 수 있을 것"임을 강조하였다. 당시 장제스의 제안과 필요성의 강조가 후일 타이완과 한국 간에 활발히 전개된 경제교류의 단초로 작용하였다는 점은 진해회담의 또 다른 의의로 평가될 수 있다.

진해회담 후 주목되는 동향 가운데 하나는 중한 간 무기원조에 관한 논의가 상당히 구체적으로 진행되었다는 점이다. 도착 성명, 이승만과의 정식회담, 이승만 부부가 베푼 연회에서의 치사 등 여러 차례 공개적인 언론에서 장제스는 단 한 차례도 군사 문제를 거론하지 않았다. 또 진해회담에서는 군사 방면에서의 합작 문제를 구체적으로 언급하거나 의제로 삼을 의향이 없었다. 그러나 공교롭게도 진해회담이 마무리된 직후, 중한 간 무기원조 문제가 활발히 논의되기 시작하였다.

진해회담 열흘 뒤 이승만의 밀령을 받은 국방부장관 신성모와 차관 최용덕이 사오위린을 찾았다. 신성모 등은 군사원조에 대한 구체적인 논의를 위해 최용덕과 공군사관학교 교장 김정렬을 은밀히 타이완에 파견하고자 하니 이를 장제스에게 보고해주기를 청하였다.

중국에 대한 군사원조 요청 혹은 한국에 대한 군사원조 제공이 진해회담 이전부터 논의되고 있었는지, 진해회담에서 군사 문제가 의제로 올랐는지에 대한 구체적인 증거 자료는 아직까지 확인된 바 없다. 그러나 사오위린의 보고에 원조의 조건과 한도, 대한 군사원조에 대한 반대급부로 중국이 한국 해군기지를 이용하는 문제 등이 거론된 것으로 보아 관련 논의는 이미 있었던 것으로 보인다.

이와 관련하여 주목되는 것은, 이승만이 "진해회담 시 장 총통이 (무기원조와 관련한) 문제를 논의하기 위해 사람을 타이완에 파견해 달라"고 직접 자신에게 제안하였다는 사실을 토로하였다는 점이다. 이로 보아 무기원조 문제는 방한 당시 장제스와 이승만 두 사람 사이에서만 은밀하게 논의되었던 것으로 보인다. 그렇기에 시종 진해회담에 같이했던 사오위린조차 그 내막을 자세히 알지 못하였던 것이다.

군사원조 등 관련 문제를 두고 이승만은 여러 차례 사오위린을 불러 조건을 제시하고 도움을 청하였다. 이승만은 미국군부에 무기 공급을 요청했으나 북한 도발의 빌미를 제공할 수 있다는 점 때문에 미국무성의 반대에 부딪혀 실현되지 못한 상황을 먼저 설명하였다. 이승만은 비행기, 군함, 총포와 탄환의 구매 혹은 조차 등의 문제를 장제스에게 보고해 달라고 요청하였다.

당시는 국공내전이 막바지로 치닫고 있던 때였다. 사오위린의 보고에 대해 장제스는 "공산군과의 전투가 일단락된 뒤 무기원조 문제를 논의하기 위해 중국에서 사람을 파견할 것이니 한국에서 먼저 사람을 파견하는 일이 없도록 하라"고 지령하였다. 아울러 향후 관련 문제에 대한 보고는 보안을 위해 일반전보가 아닌 밀전密電을 이용하도록 당부하였다. 이는 중한 간의 심상치 않은 동향에 촉각을 곤두세우고 있던 미국을 의식한 지령이었다.

사오위린을 접견한 자리에서 이승만은 급히 원조를 필요로 하는 무기와 탄약의 목록은 국방부장관이 따로 제출할 것이니 필히 장제스에게 전해줄 것을 당부하였다. 8월 20일 신성모가 사오위린에게 제출한 목록상의 필요 무기와 탄약은 전투기와 정찰기 및 수송기 등 각종 비행기 65대, 소총 5만 자루와 탄약 1억 발, 구축함과 호위함 등 함선 7척 등이었다. 목록에 제시된 각종 무기와 탄약은 미국의 군사원조를 기대할 수 없었던 한국이 가장 필요로 하는 것들이었다.

이승만이 직접 밝힌 바에 따르면, 한국의 탄약 지원 요청에 당시 미국 고문단장 로버츠Roberts 소장은 "남한의 탄약 보유량은 전시 2개월간 사용하는 데 부족함이 없다"며 이를 거절하였다. 그러나 한국 국방부의 조사 결과 국군이 보유한 탄약은 전면작전 시 불과 며칠 만에 바닥날 정도로 부족한 상태였다. 한국이 비상시 사용할 무기와 탄약이 충분하다는 잘못된 인식과 판단은 미국고문단만 가진 것이 아니었다.

중국의 원조를 필요로 하는 무기와 탄약 목록을 제출하기 전날인 8월 19일 오후, 이승만은 미국대사 무초John Muccio를 만나 무기원조를 요청하였다. 무초 또한 한국의 무기보유량이 충분하다며 거부 의사를 밝혔다. 이승만은 미국이 원치 않는다면 중국에게 도움을 청할 것이라며 중국 카드를 꺼내 들었다. 이승만의 압박에 자극받아서인지 다음날 무초는 사오위린을 만나 한국의 무기원조 요청 문제를 두고 장시간 대화를 나누었다. 무초는 한국이 보유한 무기와 탄약은 북한의 공격이 있을 시 6개월간 사용할 수 있을 만큼 충분하다는 점을 강조하였다. 아울러 미국은 중공 및 중국에 있는 한공韓共이 도발하거나, 혹은 소련이 한반도에서 전쟁을 일으키지는 않을 것이라고 판단하고 있다고 하였다. 한국에 당장 필요한 것은 무기보다도 정치개혁이라는 무초의 말은 당시 미국의 대한정책, 나아가 원동의 정세에 대한 판단이 상당히 소극적이었음을 보여주는 것이다.

국공내전의 형세 변화로 인한 중국의 급박한 사정, 미국의 부정적 의향 등을 고려하여 장제스는 무기원조 문제에 대해 시간을 두고 지켜보자는 입장을 취하였다. 이를 파악한 이승만은 일전에 국방부장관이 제출한 목록 중 우선 일부만이라도 지원해줄 것을 청하였다. 또 "무기원조 문제를 논의하기 위해 중국에서 사람을 파견할 것"이라 했던 장제스의 회답을 거론하며 가능한 한 빠른 시일 내에 사람을 파견하여 무기원조와 관련한 구체적 논의를 진행할 수 있기를 희망하였다.

한국에서 구체적인 무기지원을 요청할 당시에 장제스는 서남지구의 군정사무를 처리하기 위해 충칭에 머물고 있었다. 전혀 예상치 못한 것은 아니었으나 갑작스러운 이승만의 요청을 받은 장제스는 다량의 무기와 탄약 제공을 혼자서 결정할 수 없었다. 더구나 공산군과의 전투가 계속되고 있던 당시 중국의 사정상 한국에 무기를 제공하는 것은 쉽지 않은 일이었다. 이에 장제스는 "이 대통령의 의견을 신중히 고려하고 있음"을 밝히고, 타이완 귀환 뒤 후속조치를 하겠다는 취지의 답전을 발송하였다.

시간을 끄는 듯한 장제스의 태도에 다급해진 이승만은 재차 사오위린을 불러 긴급 요구사항을 전달하였다. 첫째는 무기원조를 논의하기 위해 국방부장관을 타이완에 파견하겠다는 것이었다. 둘째는 무기원조 대가로 한국의 특산물인 홍삼을 제공하겠다는 것이었다. 무기원조 문제를 두고 연일 이승만의 부름을 받는데, 장제스는 시간을 두고 지켜보자는 입장을 취하니 사오위린은 난감하지 않을 수 없었다. 이에 사람을 파견하여 이승만에게 중국의 사정을 설명하고, 무기원조 문제는 장기적인 차원에서 논의하자는 뜻을 전하는 것이 좋겠다는 건의를 장제스에게 올렸다.

내부적으로 어려운 사정에 처한 것은 분명했지만, 중국도 이승만의 무기원조 요청을 쉽게 거절할 수는 없었다. 한국이 중국에 무기원조를 요청한 것은 미국의 지원을 기대할 수 없었기 때문이었다. 전통적인 중한관계라는 역사적 연원을 떠나서라도, 한국의 군사역량 강화는 연합 반공전쟁이라는 현실적 방면에서도 극히 중대한 의의를 갖는 문제였다. 다만 무기원조를 실현시키기에 중국의 사정은 너무도 급박하게 전개되고 있었다. 무기원조 외에도 합동 군사훈련, 중공에 대한 해상 봉쇄, 적후공작 등 군사호조는 이후로도 중한 간에 지속적으로 논의되었다.

한편 무기원조 문제를 논의하기 위해 사오위린을 부른 자리에서 이승만은 태평양동맹 문제도 아울러 언급하였다. 어떤 경로를 통해 확인한 것인지는 알 수는 없지만, 이승만은 "확실한 보고에 따르면 미국정부도 태평양동맹에 극히 찬동을 표시하였다"고 확언하였다. 미국이 전면에 나서지 않은 것은 북대서양조약 가입국에 제공할 경비와 무기원조 문제가 아직 해결되지 않았기 때문이며, 이 문제가 처리되는 대로 미국이 태평양동맹 성립에 앞장설 것이라는 낙관론을 견지하였다. 이 역시 이승만이 연맹 결성에 대한 미국과 관련 국가들의 입장을 명확히 파악하지 못하였음을 보여주는 대목이다.

한국전쟁에 대한 인식과 대응

1949년 12월 7일 정부를 타이베이로 이전하기로 결정하여 중화민국은 국공내전 패배를 사실상 인정하였다. 1950년 3월 1일 장제스는 "대륙 광복을 위해 모두가 힘을 합할 것"을 호소하며 1년여 만에 복직을 선언하였다. 5월 하이난도海南島와 저우산군도舟山群島의 국군을 자진 철수하여 '반공反攻 대륙의 마지막 기지'인 타이완의 방위력 강화를 꾀했으나, 중공군의 타이완 점령은 시간문제로 보일 정도로 당시의 형세는 험악하였다.

한 치 앞의 운명을 장담할 수 없는 상황에서 한국전쟁 발발 소식이 전해지자 수많은 사람들이 홍콩으로의 피란을 준비하는 등 인심이 요동쳤다. 그러나 6월 27일 미국 대통령 트루먼이 미해군 제7함대가 타이완의 방위를 담당하도록 명령을 내리면서 상황은 일변하였다. 트루먼의 성명이 발표된 직후 홍콩으로의 피란을 계획했던 사람들이 타이완 정착을 결심하여 하루 만에 주택 가격이 20%나 상승하였다고 한다. 타이완의 안전이 확보되어 중화민국 정부가 숨 돌릴 여유를 갖게 된 것은 한국전쟁 발발로 인한 미국의 개입이 있었기 때문이었다.

한국전쟁 발발 당일인 6월 25일, 장제스는 육·해·공 3군 연습을 참관하고 11시경 스린士林 관저로 돌아가 휴식을 취하였다. 당일 오후 5시 30분 국민당 중앙선전부 부부장副部長 선창환沈昌煥의 보고를 통해 한국전쟁 발발 소식을 들은 장제스는 이미 예견하고 있던 일이라는 반응을 보였다. 그는 북한의 도발은 소련의 음모와 지시에 따른 것이라며 한국전쟁의 배후로 소련을 지목하였다. 당일 저녁, 장제스는 이승만에게 전보를 보내 한국의 상황에 대해 깊은 관심을 표시하였다. 동시에 유엔주재 중국대표에게는 속히 안전보장이사회 긴급회의를 열어 한국 문제를 논의하도록 지시하고, 기타 국가와도 적절한 조치 방법을 상의하도록 지시하였다.

한국전쟁 발발 직후 미국은 남북한 쌍방이 정전하고 북한군은 즉시 38선 이북으로 철퇴해야 한다고 제안하였다. 이 소식을 접한 장제스는 미국이 북한의 배후에 소련이 있음을 지적하지 않은 것은 "도의와 책임 관념이 없기 때문이다. 만일 남한이 점령된다면 이는 전적으로 미국의 책임"이라며 미국의 태도를 통렬히 비판하였다.

한편 한국전쟁 발발 당일 주한대사 사오위린에게 보낸 전보를 통해 "남한을 돕기 위해 공군 인원의 파견을 고려하고 있다. 다만 이 문제는 한국정부가 먼저 미국의 동의를 구해야 할 것이다. 수시로 미국당국과 연계를 취할 것이며, 한국정부가 정식으로 요청한다면 실행에 옮길 뜻이 있음을 이승만 대통령에게 전해 달라"며 한국전쟁에 직접 개입할 의사가 있음을 밝혔다.

한국전쟁이 분명 타이완의 안위에도 일정한 영향을 미칠 것이라 판단한 장제스는 6월 26일 오전에 회의를 소집하여 한국 문제를 논의하였다. 다만 이때까지도 상황의 발전에 대해 명확한 정보가 없었던지라 별다른 결론을 내리지 못하였다. 당일 밤 9시 15분, 재차 군·정 수장들을 소집하여 장시간 논의를 계속하였다. 회의에서는 소련을 침략국으로 유엔에 제소할 것인가, 남한에 지원군을 파견할 것인가 두 가지 주제에 대한 논의가 있었으나 역시 확실한 방침을 정하지 못하였다.

6월 27일 유엔안전보장이사회에서는 미국의 제안을 논의에 부쳐 한반도의 평화와 안전을 회복하기 위해 회원국들이 한국에 필요한 원조를 제공하기로 결의하였다. 유엔의 결의사항을 보고받은 장제스는 육군 3개 사단 약 3만 3천 명의 병력을 한국에 파견하기로 잠정 결정하였다. 이에 6월 29일과 30일 두 차례에 걸쳐 비망록 형식으로 미국정부에 파병의 뜻을 전하였다. 주유엔대표 장팅푸蔣廷黻를 통해 유엔사무총장 라이 Trygve Halvdan Lie에게도 동일한 내용을 전달하였다.

한국에 파견할 부대의 편성 문제를 논의하기 위해 6월 30일 총통부에서 참모총장과 부참모총장이 참석한 회의가 열렸다. 논의 결과 5월 중순 저우산군도에서 철수한 67군을 근간으로 하고 여기에 80군의 201사단을 보충하여 파견군을 편성하기로 결정하였다.

한국에 지상군을 파견하고자 하는 장제스의 의향은 즉각 미국의 반대에 부딪쳤다. 7월 1일 미국정부는 "대륙 방면의 중공군이 타이완으로 진공할 위험이 상존한 상황에서 한국에 파병하는 것은 타이완의 방위 역량을 약화시킬 우려가 있다. 마땅히 맥아더 사령부 대표와 타이완의 방위계획에 대해 사전에 충분히 연구하고 종합적인 계획을 세워야 할 것"이라는 내용의 비망록을 제출하였다. 한국을 돕기 위해 파병하였다가 오히려 타이완이 위험에 처할 수 있다는 이유로 파병에 반대한 것이었다. 이는 중국의 파병이 소련을 자극하여 중공군이 북한을 위해 참전할 구실을 제공할 것이라는 미국무성의 우려가 반영된 결과였다. 장제스는 미국무성이 파병을 반대하는 진정한 이유는 중공군의 참전을 염려해서가 아니라, 자신이 국제사무에 참여하는 것을 원천적으로 봉쇄하기 위한 압제라 인식하였다.

미국의 파병 반대에도 불구하고 장제스는 여전히 남한을 도울 방략과 목적을 세밀히 연구하였다. 그는 당장은 미국이 중국군의 파병을 반대하고 있지만, 중공군이 참전한다면 미국이 먼저 파병을 요청해올 것이라 예견하였다. 이때를 대비하여 전체적인 전략을 수립하고 파병 가능한 최대한의 병력을 미리 준비해 두고자 하였다. 당시 장제스는 최소 10만 명 이상의 병력을 한국에 파견할 예비대로 생각하고 있었다.

7월 2일 장제스는 제2차 세계대전 시 서태평양함대 사령관을 지내고 당시 자신의 군사고문을 맡고 있던 쿡Charles M. Cooke을 접견하였다. 당일 도쿄에서 타이베이에 도착한 쿡은 파병 문제를 두고 맥아더와 논의한 결과를 보고하였다. 맥아더 역시 파병 문제는 자신이 독자적으로 결정할 수 없는 중대사안인지라 국무성과 논의한 뒤 다시 연락을 취하겠다는 입장을 장제스에게 전달하였다.

맥아더와 장제스(1950. 7. 31)

　맥아더는 본시 6월 말에 타이완을 방문할 예정이었으나 한국전쟁 발발로 일정을 미루었다. 7월 5일 맥아더는 7월 말에 타이완을 방문할 예정임을 정식으로 통보하였다. 통지를 받은 당일 장제스는 한국전쟁의 긴박한 상황을 고려하여 자신이 먼저 한국을 방문한 뒤 일본으로 가서 회동하는 것이 좋지 않겠느냐는 뜻을 맥아더에게 전달하였다. 더불어 주일대표단 단장 허스리何世禮에게는 자신의 방한·방일 계획을 이승만에게 대신 전하도록 지령하였다. 7월 7일 맥아더 사령부를 대표하여 참모장은 번거로움을 이유로 들면서 장제스의 방한에 반대한다는 회답을 보내왔다.

　7월 31일 타이베이에 도착한 맥아더는 장제스와 두 차례 군사회의를 가졌다. 이 자리에서 장제스는 재차 중국군이 연합국의 일원으로 한국전쟁에 참여할 수 있기를 희망하였다. 이에 대해 맥아더는 "시기적절하고 정의로운 제안이나 타이완의 방위 문제를 고려할 때 행동에 옮기기에는 부적절하다"는 뜻을 표시하였다.

이 무렵 장제스의 최대 관심사는 중공군의 한국전쟁 참전 여부였다. 인천상륙작전이 성공하였다는 소식을 접하자 장제스는 조만간 중공군이 개입할 것이라 예상하고 한국전쟁의 상황이 변해가는 것을 예의 주시하였다.

10월 4일 중공군이 압록강을 건너 평양으로 향하였다는 미확인 소식을 접하였다. 이후 10월 29일 중공군이 '항미원조지원군' 명의로 참전하였다는 확실한 소식을 확인하자, 이를 중국과 세계의 전도에 엄청난 영향을 미칠 일로 인식하였다. 장제스는 중공군의 참전을 계기로 파병 문제가 다시 논의될 수 있을 것이라 기대하였다.

11월 10일 허스리를 총통부로 부른 장제스는 파병 문제에 대한 맥아더의 태도에 분명 변화가 있을 것이라고 확언하였다. 장제스는 만일 맥아더가 파병을 요청하면 이에 응할 것이지만, 미국이 일방적으로 선언한 중국 대륙에 대한 공격금지령 해제라는 단서를 달 것임을 분명히 하였다. 한국전쟁 참전을 기회로 '반공대륙' 군사작전을 실행에 옮기겠다는 의지의 표현이었다.

장제스가 바라던 파병과 중국 대륙에 대한 공격금지령 해제는 어느 하나도 이루어지지 않은 채 한국전쟁은 장기화되고 있었다. 미군이 패퇴하고 있다는 소식이 전해지자 장제스는 12월 1일 허스리를 통해 맥아더에게 "도움이 필요하다면 중국은 최선을 다할 것"이라며 여전히 파병을 포함한 원조를 제공할 의사가 있음을 밝혔다. 며칠 뒤에는 사오위린을 통해 이승만에게 밀전을 보내 전황이 불리하게 진행되고 있는 상황에 깊은 관심을 표시하며 "절대 적과 타협하거나 굴복하지 말 것"을 주문하였다.

파병의 의지는 해가 바뀌어도 변하지 않았다. 서울이 재차 함락된 뒤인 1951년 1월 10일, 한국을 돕기 위해 파병하겠다는 뜻에 변함이 없는지 묻는 UPI^{United Press International} 기자의 질문에 장제스는 "파병과 관련한 과거의 선언과 승낙 및 계획은 앞으로도 여전히 견지할 것"임을 밝혔다. 장제스는 "중국군이 파병되면 미군이 중공군과의 전투에서 희생될 일은 없을 것이며, 중국 파병군은 미국의 물질적 원조만 있으면 전쟁을 승리로 이끌 자신이 있음"을 강조하였다.

1951년 1월 13일 유엔정치위원회는 캐나다 외무장관이 제안한 「정전5원칙」을 통과시켜 유엔 차원에서 한국전쟁을 종식시키기로 결정하였다. 유엔의 결정에 대해 장제스는 "이는 유엔헌장을 파괴하는 것이자 폭력에 투항한 것과 다름 없다. 한국과 중국을 희생시키는 결정에 절대 찬성할 수 없다"는 입장을 피력하였다.

한국전쟁이 교착상태에 빠져 있던 1952년 11월, 미국은 주동적으로 장제스에게 여전히 한국에 파병할 의향이 있는지, 한국 파병과 동시에 하이난을 공략할 뜻이 있는지 탐문하였다. 미국은 그해 5월에도 장제스에게 하이난 공략 가능성을 타진한 바 있었다. 당시 장제스는 하이난 공략을 위해서는 최소 10개 사단, 15만 병력이 필요할 것이므로 이로 인해 타이완 방위에 문제가 발생할 것을 염려하여 거절하였다.

이전과는 달리 미국 측에서 먼저 파병 문제를 거론했기에 장제스는 참전의 조건, 참전을 담보로 한 미국 원조 획득 등 여러 방면에 대해 고심하였다. 가장 먼저 고려한 참전의 조건은 타이완의 방위를 공고히 하기 위한 중·미 공동방어계획의 확립이었다. 또 다른 조건은 단순히 방어를 위한 수세적 참전이 아니라 적극 공세의 주축이 되어야 한다는 것이었다. 동시에 적군과 대등한 공군력과 중화기 및 20개 보병사단 편성에 필요한 무기와 경비 지원을 약속받고자 하였다.

참전 문제를 둘러싼 장제스의 고려사항 가운데 핵심은 반공反攻에 있었다. 그는 미국 당국에 참전 요구의 목적이 반공에 있는지, 반공의 목표는 무엇인지 답을 요구하였다. 장제스가 생각한 반공의 목표는 중공군을 한반도 밖으로 격퇴시키고, 나아가 중국 동북지역에 대한 폭격을 실행하는 것이었다. 장제스는 이상의 전제조건이 충족된 뒤에야 비로소 파견 병력의 규모를 정하겠다는 입장을 취하였다.

파병의 전제조건에 대한 미국의 회답이 있기 전인 12월 초, 군사회의를 소집하여 전략을 연구하였다. 3개 군의 병력을 적 후방에 상륙시켜 한국전쟁에 결정적 전기를 마련하겠다는 것이 전략의 핵심이었다. 이를 통해 중국의 국제 지위를 높이고 나아가 반공대륙의 새로운 국면을 창출하겠다는 것이 궁극적 목표였다. 전쟁이 종식된 뒤에는 파견군의 전부를 복귀시키되, 필요 시 1개 사단 이하의 병력은 한국에 잔류시키겠다는 전후 구상까지 마련하였다. 이 무렵 장제스는 이미 파견군 지휘관 인선과 파병부대의 편제까지 결정한 상태였다. 그러나 한국전쟁 참전을 계기로 하여 반공대륙의 전기를 마련하고 미국의 원조를 이끌어내고자 했던 장제스의 바람은 끝내 실현되지 못하였다.

1953년 5월 14일 김홍일 대사가 정식으로 이승만 방문 문제를 제기하였다. 이에 이승만의 방문이 한국의 정세변화에 유익하다고 판단해 환영한다는 뜻을 표시하였다. 6월 7일 아이젠하워Dwight Eisenhower에게 한국전쟁 정전 문제와 관련하여 다음과 같은 몇 가지 의견을 제시하였다. 첫째, 유엔이 정한 목표에 따라 한국에 독립적 민주국가가 건설되어야 한다. 둘째, 유엔이 정한 목표를 달성하기 위해 한국이 안전을 확보할 수 있도록 계속 도의적 지지와 군사원조를 제공해야 한다. 셋째, 북대서양조약기구와 유사한 아시아반공국가조직이 건립될 수 있도록 미국이 적시에 협조해야 한다.

한국 문제에 대한 지대한 관심은 이후로도 계속되었다. 6월 초 김홍일을 접견한 자리에서 "중한 두 나라는 형제와 같은 존재이다. 한국의 통일과 자유를 위한 일이라면 전력을 다해 도울 것"이라는 뜻을 이승만에게 전해주기를 청하였다.

6월 22일에는 다시 아이젠하워에게 전보를 보내 정전의 목적이 달성될 수 있도록 한국과 상호안전협정을 체결할 것을 권고하였다. 한편 정전 문제를 두고 한미관계가 결렬될 위기에 처한 상황에서는 이승만에게 "미국과의 담판이 결렬되어서는 안 된다. 어떤 식으로든 결과를 맺어야 한다"는 뜻을 전하였다.

한국전쟁 정전협정 체결 소식을 접한 뒤에는 미국의 정책에 따라 향후 한국의 운명에 큰 변화가 있을 것으로 판단하였다. "만일 미국이 소련과 공산주의에 대해 강경한 정책을 펼치고 결연한 태도를 보인다면, 대한민국을 지지한다면 이승만은 한국을 통일할 수 있을 것"이라는 기대와 희망을 표시하였다.

말년까지 이어진
한국 문제에 대한 관심

한국전쟁이 종전된 뒤 장제스는 일본과 군사동맹 체결을 추진하였다. 주일대사 동셴광董顯光을 통해 한국의 입장을 타진했으나 이승만은 중일 군사동맹 체결에 찬성하지 않는다는 뜻을 전하면서 장제스가 한국을 방문하여 양자가 공동선언을 발표하자는 제안을 하였다. 방한과 공동선언 발표 요청에 대해 장제스는 이는 이승만이 자신의 지위를 격상시켜 미국의 중시를 받고자 하는 정치적 의도가 내포된 것으로 간주하였다. 실제적 문제에 대한 협조와 성의는 보이지 않으면서 자신의 위상 제고에만 신경쓰는 듯한 이승만의 행태에 대해 장제스는 이전부터 불만이 적지 않았다. 결국 이승만에 대한 불만은 "동방민족 부흥의 대계를 함께 논하고 일을 추진할 성의를 가진 인물을 찾아볼 수 없음"을 개탄하는 식으로 표현되었다.

1953년 11월 18일 장제스는 주한대사 왕둥위안王東原을 통해 이승만

장제스와 이승만(1953. 11. 27)

의 타이완 방문을 정식으로 요청하였다. 장제스는 애초 비밀 유지를 위해 타이난臺南 혹은 가오슝高雄에서 회동하기를 바랐다. 그러나 시간이 촉박한 관계로 최종적으로 타이베이에서 회동하기로 결정하였다.

11월 27일 타이베이를 방문한 이승만은 2박 3일의 체류 기간 동안 장제스와 아시아반공연맹, 대일 문제, 군사합작 등에 대해 광범위한 의견을 나누었다. 장제스가 특히 관심을 보이고 있는 아시아반공연맹 결성과 관련하여 이승만은 "절대 반대하며, 연합성명 중 '미국'이 거론되는 것도 원치 않는다"는 입장을 보였다. 장제스는 이와 같은 입장에는 이승만 자신이 앞장서 연맹 설립을 주도하고 각국과 접촉하려는 의도가 개입된 것으로 파악하였다. 따라서 자신은 한 발짝 뒤로 물러서 이승만의 의사를 존중하는 것이 연맹 결성을 실현시킬 방도라고 인식하게 되었다. 미국의 개입을 극력 반대하는 이승만의 태도에 대해서는 "미국을 배제한다면 여타 각국이 동참하려 하지 않을 것"이라는 우려를 표시하였다.

11월 28일 연합성명 발표에 앞서 문구를 두고 장제스와 이승만 간에 약간의 의견 차가 있었다. 이승만은 "아시아반공연맹 조직 문제는 미국이 앞장서야 한다" 등의 내용을 삭제할 것을 강력히 주장하였다. 이를 반영하여 연합성명은 "아시아반공연맹이 조속히 출범할 수 있도록 미국이 협조해줄 것을 강력히 바란다"로 수정되었다. 이승만은 "모든 힘을 다해 한국전쟁 시 피포被捕된 두 나라 병사들과 철의 장막 안에서 고난을 당하고 있는 동포들을 구원해낼 것"이라는 내용도 삭제할 것을 주장하였다. 장제스와 쑹메이링이 거듭 설득하여 결국 이승만도 이 내용이 연합성명에 포함되는 것에 동의하였다. 두 사람은 일본 문제에 대해서도 한 시간가량 대화를 나누었다. 일본과 관련한 모든 사안에 대해 이승만은 여전히 강경한 입장을 굽히지 않았다.

일정의 마지막 날, 장제스는 이전의 회담에서 결론을 맺지 못한 여러 사안에 대해 이승만의 의견을 구하였다. 아시아반공연맹에 일본을 동참시킬 것인지에 대해 이승만은 처음에는 반대했으나, 최종적으로 장제스의 뜻에 따르겠노라 답하였다. 필리핀을 제1차 회의의 소집 발기국으로 하자는 장제스의 의견에 대해서도 이승만은 처음에는 유보적인 입장을 표시하였다. 이 역시 장제스의 설득으로 이승만도 동의를 표하였다.

장래 군사 방면에서 중한 두 나라가 행동을 일치시키자는 장제스의 제안에 이승만은 군사 문제와 관련해서는 구체적인 의견 교환을 극구 피하였다. 이에 장제스는 "중국군이 반공대륙을 개시할 때 한국군도 동시에 북한을 향해 진공하자" 제안했고, 이승만은 엉겁결에 이에 동의하였다.

한국전쟁 시 참전했던 중공군 중 이른바 '반공포로'로 분류된 1만 4천여 명이 1954년 1월 23일 지룽항에 도착하였다. 그로부터 이틀 뒤 장제스는 이승만에게 전보를 보내 반공포로들이 자유를 되찾을 수 있도록 도움을 준 데 대해 깊은 감사의 뜻을 표시하였다.

1954년 5월 20일 장제스는 중화민국 제2대 총통에 취임하였다. 그해 6월 15일 한국이 주도한 아시아민족반공연맹APACL이 발족하였다. 진해에서 열린 창립회의에 참석하고 일본을 거쳐 7월 중순 귀국한 대표들로부터 방일 경과를 보고받았다. 한일관계 정상화를 위해서는 미국이 아닌 자유중국의 개입과 조정이 필요하다는 일본 조야의 의견이 있음을 보고받고 상응한 행동에 나설 뜻을 갖기도 하였다.

한국전쟁 종전협정이 체결된 지 1년이 지난 1954년 7월 26일 이승만은 미국을 방문하였다. 이승만의 미국에서의 언행을 낱낱이 보고받은 장제스는 "아무런 결과도 얻지 못한 것은 당연한 일"이라는 반응을 보였다. 애초부터 이승만의 미국행이 별다른 성과를 거두지 못하리라는 예상을 하고 있었던 것이다.

이후로도 장제스는 이승만의 행태에 대한 불만을 여러 방식으로 표현하였다. 본시 아시아민족반공연맹 제2차 회의가 1954년 5월 23일부터 타이베이에서 열리기로 잡혀 있었다. 회의 전 협상을 통해 한국은 일본이 관찰원을 파견하는 데 대해 서면으로 이를 승낙하였다. 그런데 회의 소집 일주일 전 한국에서 일본이 관찰원을 파견한다면 한국은 대표를 파견하지 않겠다는 취지의 전보를 보내왔다. 보고를 접한 장제스는 중의衆議에 따라 소통을 위해 한국에 사람을 보내기로 결정하였다. 장제스는 돌발 상황이 발생하게 된 원인을 나름대로 해석해보았다. 원래 그해 3월 이승만의 80세 생일에 장제스는 부총통 천청을 보내 축하할 계획이었다. 그러나 관례에서 벗어난다는 외교부의 반대로 천청의 한국행은 이루어지지 않았다. 한국 측에서 애초의 서면 약속을 파기한 것은 3월의 일에 대한 이승만의 노여움이 가시지 않은 결과로 여겼다.

이 무렵 이승만은 공식적인 경로를 통해 한중 군사동맹 체결을 건의하였다. 이 문제에 대한 자신의 뜻을 전하기 위해 장제스는 1956년 12월 4일 김홍일 대사를 총통부로 초치招致하였다. 당시 장제스는 두 나라가 일치된 군사행동을 취하자는 이승만의 약속 혹은 동맹체결 건의는 전혀 문제될 것 없다며 동의를 표시하였다.

다만 이를 실현시키기 위해서는 두 가지 전제가 해결되어야 한다는 입장이었다. 이에 "첫째, 한국 정전협정 취소가 우선되어야 한다. 둘째, 반드시 사전에 미국의 동의를 얻어야 할 것이며, 미국까지 포함된 3국동맹이 실현되어야만 실제적인 효력을 발휘할 수 있을 것이다"는 뜻을 이승만에게 전해주기를 청하였다. 장제스는 두 번째 조건은 이승만이 결코 받아들일 수 없는 것임을 익히 알고 있었다. 그럼에도 굳이 이를 동맹체결의 전제조건으로 내세운 것은, 이승만의 제의를 정면으로 거절할 수 없었기 때문이었다. 김홍일과 만난 뒤 일기에 "이승만의 중한동맹 결성 제안은 이미 유야무야되어 버렸다"고 적었는데, 이것은 당시 장제스의 본뜻이 무엇이었는지 잘 보여준다.

아시아민족반공연맹과 관련하여 이승만의 행태에 대해 장제스는 또한 차례 불만을 표시하였다. 아시아민족반공연맹 출범 후 첫 번째 이사회가 1957년 9월 26일 타이베이에서 개막되었다. 회의 개막 전 이승만은 자유중국이 일본과 친밀한 관계를 단절하지 않으면 한국 대표는 회의에 출석하지 않을 것이라 성명하였다. 소식을 접한 장제스는 '만행에 가까운 무례하고 정의롭지 못한' 이승만의 행태에 놀라움을 표시하였다. 그럼에도 '대꾸하지 않는 것이 상책'이라는 입장을 취한 장제스의 대응으로 사흘간의 회의는 예정대로 열렸다.

한국전쟁 후 한국 문제에 대한 장제스의 관심이 최고조에 달한 것은 1960년 4·19혁명이 발생한 직후였다. 한국 내부의 반정부 움직임이 가열화되는 상황에서 미국이 이승만에 대한 공격을 강화하고, 한국 내정에 간섭하려는 움직임을 보인다는 보고에 장제스는 심한 우려를 표시하였다. 그러나 중공과의 관계를 고려할 때 타이완에 미치는 미국의 영향과 이해관계를 우선 고려하지 않을 수 없었다. 이에 장제스는 "이승만의 처지에 대해 도의적으로나 개인적인 관계로나 분명한 의견과 주장이 있어야 할 것이다. 그러나 현실을 생각하면 부득이 신중히 고려하지 않을 수 없다"며 한국 문제에 대한 입장 표명을 주저하였다.

한국 내부의 형세가 더욱 격화되어 이승만은 국민들이 요구한 사직과 재선거 실시를 받아들이기로 하였다. 이에 장제스는 "모든 것은 미국의 우매하고 졸렬한 정책 탓이다. 중국대륙이 공산당의 손에 넘어간 11년 전의 사태가 재발될까 우려된다"고 예상 밖의 상황 전개에 놀라움을 감추지 못하였다. 그날 밤 장제스는 한국 문제에 대한 걱정으로 잠을 제대로 이루지 못하였다.

장제스가 한국의 정세 변화와 이승만의 처지에 대해 깊은 관심을 보인 것은 당연한 것이었다. 장제스는 이승만의 실각으로 향후 동아시아 반공전선이 악화될 것을 가장 염려하였다. 이런 상황에 이르게 된 것은 "유치하며 신의를 쉽게 저버리는 미국의 탓"이라며 미국의 동아시아 정책에 대해서도 우려와 분노를 표시하였다.

한국 사태가 타이완에 미칠 영향에 대해서도 심각하게 생각하지 않을 수 없었다. "근자에 투기적이고 반동적인 일부 세력이 한국 사태의 영향을 받아 미국의 후원을 희망하며 기회를 엿보고 있다"며 한국 문제의 파장이 확대될 것을 염려하였다. 깊은 우려와 걱정을 하지만 한국 문제에 대해 현실적으로 장제스가 할 수 있는 것은 아무것도 없었다. 결국 무언의 항의와 소극적 실망의 태도를 보이는 것이 미국에 보내는 최상의 메시지라 간주하여 한국 문제에 대해 침묵하기로 결정하였다.

1960년 5월 20일 장제스는 중화민국 제3대 총통에 취임하였다. 한국 사태의 영향을 받아서인지 「취임문고」에서 특별히 "민주와 법치의 실현을 위해 힘쓸 것"임 강조하였다. 취임 당일 한국·필리핀·월남 3국의 헌법과 중화민국 헌법의 우열을 비교하였다. 총통 선출방식과 임기에 대해 국민에 의한 직접 보통선거가 아닌 국민대표대회에 의한 간접 선출, 6년 임기의 두 가지는 이후로도 절대 양보할 수 없다는 입장을 견지하였다.

한국의 5·16군사정변과 관련하여 장제스는 "공산당 활동 경력이 있는 박정희가 책동한 것" 정도로 간단히 언급하였다. 아울러 박정희의 이력과 관련하여 이번 정변은 사실상 공산당의 지시에 따른 것이라며 한국의 정치 변화가 향후 원동지구 반공전선에 어떤 영향을 미치게 될지 관심을 표명하였다.

이 무렵 장제스는 한일관계에 대한 의견도 표시하였다. 1961년 8월 7일 장제스는 기시 노부스케岸信介를 접견하였다. 기시의 방문 목적 가운데 하나는 한국 문제에 일본이 개입할 수 있도록 장제스가 미국을 설득하여 주기를 청원하는 것이었다. 이에 대해 장제스는 "미국이 한국 문제에 일본이 참가하는 것을 원치 않는 것은 필연적인 것이다. 그렇다고 일본은 절대 단념해서는 안 된다"고 건의하였다.

한일관계에 대한 관심은 이후로도 계속되었다. 1964년 초 중공이 개입된 여러 문제로 인해 타이완과 일본의 관계가 매우 긴장된 상태에 처하였다. 이에 전 수상 요시다 시게루吉田茂가 냉각된 양국관계를 개선하기 위해 개인 자격으로 타이베이를 방문하였다. 총통부, 관저, 별장에서 세 차례 요시다를 접견한 장제스는 양국 간 현안에 대한 견해를 밝히는 한편 "한일 두 나라의 국교정상화 담판이 속히 순조롭게 완성되기를 희망한다"는 입장을 표시하였다.

1964년 3월 12일 박정희의 특사로 김종필이 타이베이에 도착하였다. 다음날 오전 장제스는 총통부에서 김종필을 접견하고 박정희의 친필 서한을 건네받았다. 이후 쌍방은 동아시아 정세와 양국의 공통 문제에 대한 의견을 나누었다. 회견 후 김종필에 대해 "유치하고 잘난 척하는 것이 과하며 신의가 없어 보인다. 이런 인물들이 국정을 담당한다면 한국의 부흥은 요원하다"는 평을 남겼다.

3월 15일 귀국 전 기자회견에서 김종필은 한중 두 나라는 기존의 우호관계를 바탕으로 진일보된 단결과 합작을 이루어야 할 것임을 강조하였다. 아울러 시기가 성숙되면 두 나라 원수가 직접 얼굴을 맞대고 양국 간 현안을 깊이 논의할 수 있을 것이라 하여 박정희가 장차 타이완을 방문할 것임을 암시하였다.

당시 긴밀했던 한중관계를 반영하여 양국 간 우호협정 체결을 위한 움직임이 강화되고 있었다. 1964년 10월 8일부터 10월 13일까지 정일권이 중화민국의 국경일인 쌍십절 경축 사절로 타이베이를 공식 방문하였다. 10월 9일 오전 총통부에서 사절단 일행을 접견한 뒤 장제스는 "나이에 비해 온중하고 능력 있는 인재로 보인다"며 정일권에 대해 호감을 표시하였다. 이날 저녁 관저에서 한국사절단 일행을 위한 만찬이 있었다. 만찬 후 "두 번밖에 만나지 않았지만 한국을 대표할 만한 유능한 정치가"라며 역시 정일권에 대해 높이 평가하였다.

10월 12일 오전, 외교부장과 주중대사 김신은 외교부에서 「중한우호조약」 간이 체결식을 거행하였다. 정일권의 체류 기간이 짧은 탓에 정식 조약문의 번역, 교정, 인쇄 등의 절차를 거치기에는 시간이 부족하여 임시로 간이 체결식을 거행하였던 것이다. 일자와 장소가 정해진 뒤 쌍방이 전권대표를 파견하여 정식 체결하기로 약조되었다. 1965년 12월 3일 타이베이에서 「중한우호조약」 환문換文 의식이 거행되었다.

박정희는 1966년 2월 15일부터 2월 19일까지 타이완을 방문하였다. 방문 첫날 오전 장제스는 문무관원을 이끌고 직접 공항에 나와 박정희

박정희를 맞이하는 장제스(1966. 2. 15)

를 맞이하였다. 오후에는 관저에서 상호 훈장을 수여한 뒤 첫 번째 회담을 가졌다. 회담의 주제는 반공과 월남전쟁이었고, 쌍방은 두 문제에 대해 일치된 의견을 모았다.

2월 15일 저녁에는 총통부에서 만찬이 있었다. 장제스는 "중한 두 나라는 이와 입술 같은 관계에 있다. 국가민족의 독립자유라는 공통의 목표를 달성하기 위해 함께 분투하자"는 환영사를 하였다. 이에 대해 박정희는 "반공 문제에 있어 더욱 긴밀히 협조해야 할 것이며, 반공 문제만큼은 미국이 개입할 여지를 주어서는 안 된다"는 취지의 답사를 하였다.

두 사람은 2월 18일 오전까지 세 차례의 공식회의와 한 차례의 비공식회의를 하였다. 양국의 공통이익, 아시아의 정세 및 합작반공이 논의의 주제였다. 당시의 논의에 바탕하여 박정희는 귀국 후 1개 사단과 1개

여단 병력의 월남 증파를 결정하였다.

1966년 5월 20일 장제스는 제4대 총통에 취임하였다. 취임 선서 후 치사에서 '쓰러지지 않는 노병老兵'이라 자평하였다. 이 무렵 한국이 동참하는 다자多者공동안전동맹 결성에 지대한 관심을 보였다. 이를 위해 1969년 2월 자신의 아들이자 당시 국방부장을 맡고 있던 장징궈를 한국에 파견하였다. 물론 이는 한국정부의 요청을 받아 이루어진 정식 방문이었다.

2월 25일 주한대사 탕종唐縱을 통해 장징궈에게 "한국과의 협상 시 가능한 한 상대방의 구체적인 의견을 많이 청취하도록 하되 당장에서 결정하는 일이 없도록 하라. 반드시 귀국 후 직접 보고한 뒤 정식 답변을 한국 방면에 제출하라"고 지시하였다. 당시 장제스는 타이완과 한국이 참여하는 공동안전동맹 결성은 미국도 반대하지 않을 것이라 기대하였다.

장제스 집권 말기인 1960년대 후반, 한국과 타이완은 맹방이자 경쟁 관계에 있었다. 한국의 빠른 경제 성장을 지켜본 장제스는 한국 발전의 원동력이 무엇인지 궁금하지 않을 수 없었다. 이에 1969년 여름 부총통 겸 행정원장 옌자간嚴家淦을 한국에 파견하여 고찰을 지시하였다.

귀국 후 옌자간은 「중한 양국 정치와 경제 방면 행정효율」이라는 제목의 보고를 올렸다. 장제스는 고찰단의 보고 내용을 극히 중시하였다. 이에 행정효율의 극대화를 이후 전면적인 혁신 중의 중심 공작 가운데서도 중점사항으로 간주하였다. 최종적으로는 행정원에 소조 혹은 위원회를 조직하여 구체적인 실시방안을 정하도록 지시하였다.

부인 쑹메이링과 큰아들 장징궈와 함께 한 말년의 장제스

장제스는 1972년 5월 20일 제5대 총통에 취임하였다. 이로써 1948년 초대 총통 취임부터 시작하여 30년간 합법적 장기 집권의 길이 열렸다. 다만 이미 80대 중반에 접어든 나이를 감안할 때 후계 문제를 고민하지 않을 수 없었다. 5월 26일 입법원의 동의를 얻어 아들 장징궈가 행정원장에 선출되었다.

7월 4일 남한과 북한은 적대 행위를 중지하고 대화를 통해 관계를 개선하여 통일을 완성하자는 「7·4남북공동성명」을 서울과 평양에서 동시에 발표하였다. 이에 대해 장제스는 "박정희의 우매함에 개탄하지 않을 수 없다"는 부정적인 의견을 피력하였다.

그 뒤 7월 22일 장제스는 심장병이 발작하여 긴급처치를 받았다. 그

타이완 타오위안에 있는 장제스 능침(陵寢)

러나 병세가 호전되지 않아 8월 5일부터 다음해 12월 22일 관저로 돌아갈 때까지 병원에서 지냈다. 그 와중에 1972년 9월 26일 일본과의 단교가 선언되었다.

1973년 말에 퇴원한 후에는 일체의 공개 활동을 삼가고 요양하였다. 1974년 12월 27일 심장박동 이상으로 위기를 맞기도 하였다. 1975년 3월 29일 "총리를 좇아 혁명의 길로 접어든 뒤 한시도 예수와 총리의 가르침을 잊은 적이 없다. 매일처럼 삼민주의 실현의 장애를 제거하고 민주헌정국가를 건설하기 위해 분투하였다. …… 삼민주의 실천, 대륙국토 광복, 민족문화 부흥을 위해 노력해 달라"는 내용의 유촉遺囑을 미리 작성하였다.

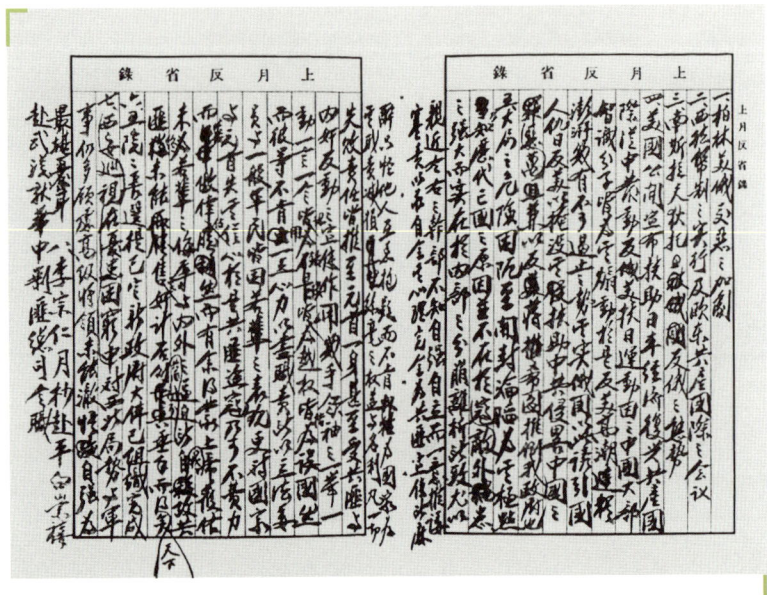

장제스 일기

    1975년 4월 5일 밤 11시 50분 장제스는 심장 발작으로 관저에서 사망하였다. 이때 그의 나이는 89세였다. 장례식은 4월 16일 거행되었다. 장래 고향에 있는 어머니의 묘소 옆에 묻히고 싶다는 유언에 따라 영구靈柩는 안장되지 않고 타오위안桃園 다시大溪 츠후慈湖에 봉안되었다.

    대한민국 정부는 1953년 장제스에게 건국훈장 대한민국장을 수여하였다.

장제스의 삶과 자취

1887	9월 15일(양력 10월 31일). 저장성浙江省 펑화현奉化縣 시커우진溪口鎭에서 출생
1901	마오푸메이毛福梅와 혼인, 1921년에 이혼
1903	펑화현성의 봉록학당鳳麓學堂·용진학당龍津學堂에서 수학
1906	4월. 일본으로 유학을 감. 사비유학생이었으므로 군사학교 입학이 불허되어 도쿄東京 청화학교淸華學校에서 한 학기 동안 일본어 공부 5월. 혁명당원 천치메이陳其美를 만나 우의를 다짐 12월. 귀국
1907	바오딩保定에 신설된 통국육군속성학당通國陸軍速成學堂 입학
1908	관비유학생으로 도쿄 진무학교振武學校 11기 포병과에 편입. 동맹회同盟會 가입
1910	4월 27일. 아들 징궈經國 출생 11월 25일. 진무학교 졸업 12월 5일. 일본 니가타현新潟縣 다카다高田 육군 제13사단 야전포병 제19연대 제2대대 제5중대에 배속
1911	신해혁명 동참을 위해 탈영한 뒤 10월 30일 상하이上海에 도착 11월 4일. 휘하 결사대는 두 무리로 나뉘어 순무아문과 군계국軍械局 점령
1912	1월 14일. 광복회光復會 영수 타오청장陶成章 암살 후 일본으로 망명 도쿄에서 군성사軍聲社를 창설하고, 『군성잡지軍聲雜誌』 발간 겨울, 귀국하여 독일 유학 준비

1913	7월. 2차혁명에 참여. 실패 후 일본을 오가며 혁명 진영 중건에 참여
	10월. 상하이에서 중화혁명당中華革命黨 입당 서약
1914	7월. 혁명사업을 위해 한국을 거쳐 하얼빈哈爾濱으로 이동. 제1차 세계대전이 발발하자 도쿄로 귀환
1915	11월 초. 천치메이의 급전을 받고 귀국 위안스카이袁世凱 타도를 위한 기의행동계획 수립에 동참
1916	6월. 쑨원孫文의 명으로 산둥성山東省으로 이동
	7월 31일. 중화혁명군 동북군 참모장에 취임
	8월 12일. 사직 후 상하이로 귀환
1917	상하이에 머물며 천궈푸陳果夫 등과 위안스카이의 잔당을 제거하는 혁명사업에 매진
	9월 1일. 쑨원이 광저우廣州에 중화민국군정부를 조직하고 대원수에 추대되어 본격적인 호법운동을 전개. 상하이에 머물며 군사작전 방략을 수립하여 쑨원에게 제출
1918	3월 5일. 쑨원의 부름을 받고 광저우에 도착
	3월 15일. 원민월군 총사령부 작전과 주임으로 취임
1919	가을. 혁명 경비 마련을 위해 쑨원의 명으로 상하이증권물품교역소 上海證券物品交易所 제53호 중개인으로 면화와 증권 거래에 나섬
1920	4월. 천궈푸 등과 우애공사友愛公司 공동 설립
1921	2~5월. 주로 고향에 머물며 증권거래소 일로 종종 상하이를 오감
	5월 5일. 쑨원이 비상대총통에 취임하자 5월 10일 광저우로 향함
1922	6월 16일. 월군 총사령 천중밍陳炯明 휘하 부대가 쑨원이 머물고 있던 총통부 공격
	6월 29일. 쑨원을 만나 각 방면의 상황에 관한 의견을 나눔
	8월 9일. 쑨원과 영국군함 편으로 상하이로 향함

	10월 22일. 푸저우福州에 도착. 천중밍 타도를 위해 조직된 동로토적군東路討賊軍 참모장에 취임
1923	2월 3일. 중국국민당 군사위원회 위원에 임명
	3월 16일. 육해군 대원수 대본영 참모장에 임명
	6월 17일. 대원수 행영참모장에 임명
	8월 16일. 손일선박사대표단孫逸仙博士代表團 단장으로 소련 방문
1924	1월 20~30일 중국국민당 제1차 전국대표대회 개최. 연아용공聯俄容共(제1차 국공합작)정책이 확정
	2월 3일. 중국국민당 본부 군사위원회 위원에 임명
	5월 3일. 육군군관학교(황푸군관학교黃埔軍官學校) 교장에 임명
1925	2월 3일 군관학교 학생들로 구성된 부대를 이끌고 천중밍 타도를 위한 동정東征에 나섬
	3월 12일. 쑨원 사망
	6월 21일. 군관학교 교무회의에서 국민정부國民政府 조직 문제 논의
	7월 1일. 국민정부 정식 성립. 육군군관학교 제3기생 개학식 주관
	7월 3일. 국민정부 군사위원회 위원에 임명
	9월 28일. 동정 총지휘에 임명
	12월 31일. 동정을 마치고 광저우로 귀환
1926	1월 19일. 육군군관학교가 개편된 중앙군사정치학교 교장에 임명됨
	1월 22일. 중앙상무위원에 추대되어 국민당 핵심의 일원으로 위상이 높아짐
	3월 20일. 중산함사건中山艦事件이 발생하자 긴급계엄령 선포
	4월 3일. 중앙집행위원회에 「정군숙당극기북벌안整軍肅黨剋期北伐案」 제출
	4월 16일. 국민정부 군사위원회 주석에 추대

	6월 4일. 국민혁명군 총사령에 임명
	6월 11일. 국민당 중앙조직부장에 임명
	7월 5일. 국민당 중앙군인부장에 임명됨. 다음날 국민혁명군 총사령부가 성립
	7월 9일. 국민혁명군 북벌서사식 및 국민혁명군 총사령 취임식 거행
1927	4월 12일. 국민혁명군 상하이 주둔군이 본격적인 공산당 숙청 시작
	4월 18일. 국민정부 난징南京 정도定都를 선언
	6월 8일. 중앙당무학교 교장에 취임
	8월 13일. 국민혁명군 총사령직 사직 선언(제1차 하야)
	11월 5일. 일본 수상 다나카 기이치田中義一와 대담
	12월 1일. 상하이에서 쑹메이링宋美齡과 결혼
1928	1월 4일. 국민혁명군 총사령직에 복귀
	1월 18일. 국민혁명군 북벌전군 총사령에 특임
	1월 중순. 중국국민당 중앙조직부장 겸임
	2월. 중앙집행위원회 상무위원, 군사위원회 주석, 국민정부위원에 임명
	3월 7일. 국민당 최고의결기구인 중앙정치회의 주석으로 추대
	4월 4일. 제2기 북벌대전 시작
	6월 8일. 국민혁명군 제3집단군 베이징 입성, 북벌대업 완성
	10월 10일. 국민정부 주석에 취임
1929	1월 1일. 병력 감축의 구체적 방안을 논의하기 위한 국군편견회의國軍編遣會議가 개최
1930	11월 24일. 행정원장 겸임
	12월 6일. 교육부 부장 겸임
1931	3월 1일. 약법約法 제정에 반대하는 입법원장 후한민胡漢民을 난징 근

　　　　교 탕산湯山에 유폐시킴

　　　　5월 5일. 국민회의 소집

　　　　9월 18일. 9·18사변 발생

　　　　12월 15일. 「모든 본·겸직에서 사직하며 중앙집행위원회에 올리는
　　　　글」 발표(제2차 하야)

1932　1월 28일. 상하이사변 발생

　　　　1월 29일. 군사위원회 상무위원에 당선

　　　　3월 18일. 군사위원회위원장 및 참모본부 참모총장에 취임

　　　　10월 20일. 국민정부 군사위원회 간부훈련반 제6대(조선혁명간부학
　　　　교) 제1기생 26명 입학

1933　2월. 난징 육군군관학교 내 관저에서 김구金九 접견

　　　　2월 21일. 한인 청년의 중국 중앙군관학교 뤄양洛陽분교 입학 비준

1935　1월 8일. 육군대학교장 겸임

　　　　4월 1일. 특급상장에 특임

　　　　12월 7일. 행정원장에 선출

1936　7월 15일. 신설된 국방회의國防會議 의장을 겸임

　　　　12월 12일. 장쉐량張學良, 양후청楊虎城에 의해 시안西安에 유폐

　　　　12월 26일 난징으로 귀환

1937　7월 7일. 루거우차오사건蘆溝橋事件 발생

　　　　7월 17일. 루산담화회廬山談話會에서 대일항전 정식 선언

　　　　8월 12일. 육해공군 총사령으로 추대되고, 군사위원회가 최고통수
　　　　부로 결정

　　　　8월 16일. 3군 대원수로 전국의 육해공군을 통솔함

　　　　12월 1일. 국민정부 전시수도 충칭重慶에서 업무 시작

　　　　12월 13일 난징 함락

1938	1월 1일. 행정원장직 사직
	4월 1일. 국민당 총재로 선출
1939	1월 20일. 국민참정회 의장 겸임
	2월 7일. 국방최고위원회 성립과 동시에 위원장에 임명됨
1942	1월 2일. 루스벨트Franklin Roosevelt에게 중국 전구戰區 연합군 최고통수 충임充任 접수 의사 전달
1943	8월 1일. 국민정부 주석직무대리에 추대됨
	11월 23일. 장제스, 루스벨트, 처칠Winston Churchill이 참석한 카이로 회담 개최
	11월 26일. 카이로회담 선언문을 확정하고 '전후 적당한 시기에 조선의 독립 보장' 약속
1945	5월 24일. 주중 미국대사 헐리Patrick Jay Hurley와 월남·홍콩·조선의 정치와 군사방략을 논함
	8월 9일. 소련, 일본에 선전포고하고 중국 동북지구에 군대를 진입시킴. '조선'이 중국 전구에 포함
	8월 15일. 항일전쟁 승리. 중국파견 일본군총 사령관 오카무라 유수지岡村寧次에게 투항원칙 6항 지시사항 담은 전보 발송
	10월 10일. 마오쩌둥毛澤東과 회담(충칭회담 혹은 쌍십회담).
	11월 4일. 대한민국임시정부 환송 다과회에 출석하여 한국의 조속한 독립 실현을 축원
1947	4월 13일. 상하이에서 이승만李承晩 접견
1948	5월 20일. 중화민국 초대 총통 취임(부총통 리쭝런李宗仁)
1949	1월 21일. 인퇴 선언(제3차 하야)
	8월 8일. 진해鎭海에서 이승만과 연합성명 발표
	12월 5일. 부총통 리쭝런이 치료 명분으로 미국으로 향함

	12월 9일. 행정원 타이베이臺北에서 판공 시작
1950	1월 14일. 리쭝런이 귀국 요청 거절
	3월 1일. 총통직에 복귀
	6월 25일. 한국전쟁 발발
	6월 29일. 한국 파병 의사를 미국에 전달했으나 미국은 7월 1일 거절 의사를 전해옴
	7월 5일. 주일대표단 단장 허스리何世禮를 통해 방한 의사를 전달함
	7월 31일. 맥아더Douglas MacArthur와 한국전쟁 등의 문제를 논의
1951	1월 10일. UPI 기자와의 대담에서 "한국 파병과 관련한 과거의 선언과 승낙 및 계획은 앞으로도 여전히 견지할 것"임을 밝힘
1952	11월 13일. 미국이 여전히 한국에 파병할 의향이 있는지 탐문하자, 참전의 조건 및 참전을 담보로 한 미국원조 획득 등 여러 방면에 대해 고심
	12월 9일. 중화민국군의 한국 지원전략에 대해 연구
1953	11월 27일. 대한민국 대통령 이승만 타이완 방문
	11월 28일. 이승만과 연합성명 발표, '반공' 결심 재확인
1954	5월 20일. 중화민국 제2대 총통 취임(부총통 천청陳誠)
1956	12월 4일. 한국대사 김홍일金弘壹 접견. 군사동맹 체결의 전제조건으로 미국의 동의 혹은 참가가 있어야 한다는 뜻을 전함
1960	5월 20일. 중화민국 제3대 총통 취임(부총통 천청)
1964	3월 13일. 대한민국 대통령 박정희朴正熙의 특사 김종필金鍾泌 접견
	10월 12일. 「중한우호조약」 간이 체결식 거행
1965	12월 3일. 타이베이에서 「중한우호조약」 환문換文
1966	2월 15일. 대한민국 대통령 박정희 타이완 방문. 회담 후 「연합공보」 발표

	5월 20일. 중화민국 제4대 총통 취임(부총통 옌자간嚴家淦)
1967	7월 1일. 한·중·미·일 4국 영수가 모여 서울에서 비공식회담을 가짐. 부총통 옌자간이 대신 참석
1969	4월 8일. 국민당 총재에 연임
1972	5월 20일. 중화민국 제5대 총통 취임(부총통 옌자간)
	7월 22일. 심장 발작으로 긴급처치 받음. 8월 5일부터 다음해 12월 22일까지 16개월 동안 입원
	9월 29일. 일본과의 단교 선언
1975	3월 29일. 유촉遺囑 작성
	4월 5일. 밤 11시 50분 심장발작으로 관저에서 89세를 일기로 사망

자료

- 廣東革命歷史博物館, 『黃埔軍校史料(1924-1927)』, 廣州, 廣東人民出版社, 1982.
- 『事略稿本』, 蔣中正總統檔案, 國史館 소장.
- 中央研究院近代史研究所, 『國民政府與韓國獨立運動史料』, 臺北, 中央研究院近代史研究所, 1988.
- 中華民國外交問題研究會 編, 『蘆溝橋事變前後的中日外交關係』, 臺北, 中國國民黨黨史委員會, 1995.
- 秦孝儀 主編, 『先總統蔣公思想言論總集』, 臺北, 中國國民黨黨史委員會, 1984.
- 黃自進 主編, 『蔣中正先生對日言論選集』, 臺北, 中正文教基金會, 2004.
- 黃自進·潘光哲 編, 『蔣中正總統五記:困勉記』, 臺北, 國史館, 2011.
- 黃自進·潘光哲 編, 『蔣中正總統五記:省克記』, 臺北, 國史館, 2011.
- 『革命文獻:蔣總統引退與後方布置(上)』, 蔣中正總統檔案, 戡亂時期, 29冊, 國史館 소장.
- 『革命文獻:蔣總統訪韓』, 蔣中正總統檔案, 戡亂時期, 34冊, 國史館 소장.
- 國家報勳處, 『大韓民國臨時政府와 韓國光復軍』, 國家報勳處, 1996.
- 국사편찬위원회 편, 『대한민국임시정부자료집』22-40, 국사편찬위원회, 2008-2011.

- 김영신 편역, 『장중정총통당안 중 한국관련자료 집역』, 선인, 2011.
- 『大公報』.
- 『申報』.
- 『中央日報』.

단행본

- 郭廷以, 『中華民國史事日誌』, 臺北, 中央研究院近代史研究所, 1979.
- 高屋奎二, 『蔣總統秘錄』, 臺北, 中央日報社, 1976.
- 顧維鈞, 『顧維鈞回憶錄』, 北京, 中華書局, 1989.
- 唐振楚 編, 『總裁辦公室工作紀要』, 臺北, 中國國民黨, 1952.
- 董顯光, 『蔣總統傳』, 臺北, 中華大典編印會, 1967.
- 茅家琦 等著, 『中國國民黨史』, 廈門, 鷺江出版社, 2004.
- 毛思誠 編, 『民國十五年以前之蔣介石先生』, 香港, 龍門書店, 1965.
- 邵毓麟, 『使韓回憶錄』, 臺北, 傳記文學出版社, 1980.
- 邵毓麟, 『勝利前後』, 臺北, 傳記文學出版社, 1984.
- 宋平, 『蔣介石生平』, 長春, 吉林人民出版社, 1987.
- 王鳳翎 編, 『中央陸軍官學校史稿(1924-1934)』1-12冊, 臺北, 龍門出版社, 1990.
- 梁敬錞, 『開羅會議』, 臺北, 臺灣商務印書館, 1973.
- 吳鐵城, 『吳鐵城回憶錄』, 臺北, 三民書局, 1981.
- 黎東方, 『蔣公介石序傳』, 臺北, 聯經出版社, 1976.
- 呂芳上 主編, 『蔣中正日記與民國史研究』, 臺北, 世界大同, 2011.
- 呂芳上 主編, 『蔣介石的日常生活』, 臺北, 政大出版社, 2012.
- 呂芳上 主編, 『蔣中正與民國政治』, 臺北, 國立中正紀念堂管理處, 2013.
- 呂芳上 主編, 『蔣中正先生年譜長編』第1-12冊, 臺北, 國史館, 2015.

- 劉維開, 『國難時期應變圖存問題之研究』, 臺北, 國史館, 1995.
- 劉維開, 『蔣中正的一九四九-從下野到復行視事』, 臺北, 時英出版社, 2009.
- 劉維開 主編, 『蔣中正與民國軍事』, 臺北, 國立中正紀念堂管理處, 2013.
- 『尹呈輔先生訪問紀錄』, 臺北, 近代中國出版社, 1992.
- 李雲漢, 『中國國民黨史述』1-6冊, 臺北, 中國國民黨黨史委員會, 1994.
- 『滕傑先生訪問紀錄』, 臺北, 近代中國出版社, 1993.
- 蔣經國, 『風雨中的寧靜』, 臺北, 正中書局, 1988.
- 張其昀, 『菲韓紀行』, 臺北, 正中書局, 1949.
- 張祖龑, 『蔣介石與戰時外交研究(1931-1945)』, 杭州, 浙江大學出版社, 2013.
- 張憲文·方慶秋 主編, 『蔣介石全傳』, 鄭州, 河南人民出版社, 1996.
- 陳立文 主編, 『蔣中正與民國外交』, 臺北, 國立中正紀念堂管理處, 2013.
- 陳立夫, 『成敗之鑑:陳立夫回憶錄』, 臺北, 正中書局, 1994.
- 秦孝儀 編, 『國父年譜』, 臺北, 中國國民黨黨史委員會, 1994.
- 黃仁宇, 『從大歷史的角度讀蔣介石日記』, 臺北, 時報文化, 1994.
- 黃自進, 『蔣中正先生留日學習實錄』, 臺北, 中正文教基金會, 2001.
- 黃自進, 『日本的兩個面向:孫中山與蔣介石的不同取徑』, 臺北, 中央研究院近代史研究所, 2015.
- 黃自進 主編, 『蔣中正與近代中日關係』, 臺北, 稻鄉出版社, 2006.
- 黃自進·潘光哲 主編, 『蔣介石與現代中國的形塑』, 臺北, 中央研究院近代史研究所, 2013.
- 胡頌平, 『朱家驊年譜』, 臺北, 傳記文學出版社, 1985.
- 胡春惠, 『韓國獨立運動在中國』, 臺北, 中華民國史料研究中心, 1976.
- 김구, 『백범일지』, 나남, 2002.
- 김희곤, 『대한민국임시정부 I - 상해시기』, 독립기념관, 2009.

- 배경한, 『장개석 연구』, 일조각, 1995.
- 정병준, 『우남 이승만 연구』, 역사비평사, 2005.
- 한상도, 『대한민국임시정부 Ⅱ-장정시기』, 독립기념관, 2009.
- 한시준, 『대한민국임시정부 Ⅲ-중경시기』, 독립기념관, 2009.

논문

- 薛化元, 「陳誠與國民政府統治基盤的奠定--一九四九年臺灣省政府主席任內爲中心探討」, 『一九四九年: 中國的關鍵年代學術討論會論文集』, 臺北, 國史館, 2000.
- 呂芳上, 「總裁的'首腦外交': 1949年蔣中正出訪菲韓」, 陳立文 主編, 『蔣中正與民國外交Ⅱ』, 臺北, 國立中正紀念堂管理處, 2013.
- 林桶法, 「從溪口到臺北 : 第三次下野期間蔣介石的抉擇」, 『國史館學術集刊』 13 2007.
- 朱浤源, 「蔣中正·孫立人與麥克阿瑟(1949-1950)」, 劉維開 主編, 『蔣中正與民國軍事』, 臺北, 中正紀念堂管理處, 2013.
- 劉維開, 「蔣中正總統對韓戰及相關問題的看法與政策」, 『近代中國』 137期, 2000.
- 葉泉宏, 「黃埔軍校韓籍學生考實」, 『韓國學報』 第14期, 1996.
- 范廷傑, 「韓國臨時政府大統領李承晩中國來去」, 『傳記文學』 27卷 2期, 1975.
- 范廷傑, 「蔣委員長培育韓國革命軍事幹部」, 『傳記文學』 28卷 4期, 1976.
- 范廷傑, 「蔣委員長協建韓國光復軍」, 『傳記文學』 28卷 5期, 1976.
- 黃自進, 「蔣中正的訪日經驗(1906-1927)」, 呂芳上 主編, 『蔣中正日記與民國史研究』 上册, 世界大同出版有限公司, 2011.

- 김영신, 「北伐 前後 中國國民黨의 內紛」, 『中國近現代史硏究』 제4집, 1997.
- 김영신, 「改組, 國民政府 成立과 中國國民黨」, 『中國學硏究』 제21집, 2001.
- 김영신, 「蔣介石의'第1次下野'와 復職」, 『中國學報』 제44집, 2001.
- 김영신, 「護法時期 黨·政의 軍政組織과 軍權統一」, 『中國近現代史硏究』 제15집, 2002.
- 김영신, 「국민당 3全大會 전후의 反蔣運動」, 『中國學硏究』 제30집, 2004.
- 김영신, 「國民政府 成立 前後의 軍政改革과 財政統一」, 『中國學硏究』 제38집, 2006.
- 김영신, 「訓政時期約法 제정 논란과'蔣·胡合作'의 파국」, 『東洋學』 제42집, 2007.
- 김영신, 「광주국민정부의 北伐과 蔣介石의 대응」, 『中國學硏究』 제55집, 2011.
- 김영신, 「국민혁명 초기 국민당우파의 현실인식과 대응」, 『東洋學』 제49집, 2011.
- 김영신, 「해방 전 장개석의 대한인식」, 『전북사학』 제48호, 2016.
- 김영신, 「'寧·粤紛爭'시기의 중앙과 지방」, 『韓中關係硏究』 제2권 2호, 2016.
- 김영신, 「장개석의'반공연맹'결성 구상과 좌절」, 『歷史文化硏究』 제69집, 2019.
- 김영신, 「1949년 蔣介石 訪韓의 유래와 의의」, 『전북사학』 제56호, 2019.
- 배경한, 「대한민국임시정부와 중화민국의 외교관계, 1911-1945」, 『中國近現代史硏究』 제56집, 2012.
- 배경한, 「카이로회담에서의 한국문제와 蔣介石」, 『歷史學報』 제224집,

2014.
- 배경한, 「카이로회담과 한중관계 :'國際共管論'에 대한 충칭임시정부와 중국 국민정부의 대응」, 『한국민족운동사연구』 제85집, 2015.
- 배경한, 「윤봉길의거 이후 蔣介石·국민정부의 한국독립운동 지원과 '長期抗戰'」, 『歷史學報』 제236집, 2017.
- 배경한, 「종전 전후 시기 國民政府의 對韓政策」, 『中國近現代史硏究』 제76집, 2017.
- 오대록, 「해방 후 대한민국임시정부의 과도정권 수립 시도」, 『백범과 민족운동 연구』 제11집, 2016.
- 한시준, 「대한민국임시정부의 환국」, 『한국근현대사연구』 25, 2003.

찾아보기

ㄱ

가와바타河端 131
갈렌Galen 65
「건국대강建國大綱」 95
광둥소비에트정부 87
광복회光復會 27
광저우상단廣州商團 56
구웨이쥔顧維鈞 38
9·18사변 106, 110, 128, 132
구잉펀古應芬 106
구칭롄顧淸廉 12
국군편견회의國軍編遣會議 97
국민군 66
국민당 중앙집행위원회 55
국민혁명군 70
국제연맹 91
군계국軍械局 26
군성사軍聲社 29
『군성잡지軍聲雜誌』 29
궁페이청貢沛誠 136
궈타이치郭泰祺 122
권준 72
기병학교 137
기시 노부스케岸信介 240
김구金九 136, 137, 139

김신 241
김원봉金元鳳 134, 136, 150, 153
김정렬 217
김종필 240
김철 139

ㄴ

나가오카 가이시長岡外史 21
난징사건 78
남목청楠木廳 147
남의사藍衣社 134
노무라 기치사부로野村吉三郞 131
니시하라차관西原借款 35

ㄷ

다나카 기이치田中義一 85
다이지타오戴季陶 32, 113, 116
당립黨立 육군군관학교 72
「대서양헌장」 167
대통학당大通學堂 11
덩겅鄧鏗 41
덩쩌루鄧澤如 106
도독都督 26

찾아보기 261

도이하라 겐지土肥原賢二 111
동로토적군東路討賊軍 48
동방민족부흥운동위원회 135
동산백원東山柏園 148
동삼성 독립운동 120
동셴광董顯光 233
돤치루이段祺瑞 14

마운트배튼Louis Mountbatten 170
맥아더Douglas MacArthur 195
무비학당武備學堂 15
무술변법戊戌變法 11
무신공사茂新公司 42
무초John Muccio 219
『무학잡지武學雜誌』 19
민식린 193

ㄹ

라이Trygve Halvdan Lie 225
랴오중카이廖仲愷 41, 56, 58
량비良弼 16
러일전쟁 16
레닌Vladimir I. Lenin 52
루거우차오사건蘆溝橋事件 146, 147
루스벨트Franklin Roosevelt 167
루정샹陸徵祥 38
루중위陸宗輿 39
뤄양분교 142
뤄원간羅文幹 118
류위완劉馭萬 202
리즈룽李之龍 66
리지천李濟琛 80, 99, 120
리쭝런李宗仁 83, 99, 102
리턴조사단Lytton Commission 124
린썬林森 59

ㅂ

바이충시白崇禧 99
박시창 72
박찬익 141
백득림 72
변목학당弁目學堂 15
보로딘Michale Borodin 59, 105
보이틴스키Grigori Voitincky 52
봉록학당鳳麓學堂 12
부브노프Alexandre Bubnov 66
북대서양조약North Atlantic Treaty 208
비마쓰 히로고飛松寬吾 21

ㅅ

사오위린邵毓麟 186
삼민주의역행사三民主義力行社 134
상전商震 192
상하이사변上海事變 118
상하이정전협정 132
상하이증권물품교역소 36
샤오정蕭錚 140, 141

ㅁ

마쓰이 게이지로松井慶四郎 31
마오푸메이毛福梅 11

서산회의파 63
선딩이沈定一 51
선창환沈昌煥 224
성성학교成城學校 16
성항파공위원회省港罷工委員會 67
손문주의학회孫文主義學會 60, 62
손일선박사대표단孫逸仙博士代表團 51
『손중산광주몽난기孫中山廣州蒙難記』 48
순포방巡捕房 139
쉬스창徐世昌 47
쉬시린徐錫麟 11
쉬언쩡徐恩曾 150
쉬첸徐謙 74
쉬충즈許崇智 43
슝스후이熊式輝 91
스자오지施肇基 38
스킬얀스키Ephraim M. Sklyansky 52
스탈린Joseph Stalin 168
시게미쓰 마모루重光葵 122
시라카와 요시노리白川義則 131
신군新軍 25
신규식申圭植 46
신성모 217
『신청년新靑年』 40
신한촌新韓村 158
쑨원孫文 18, 54, 56, 106
쑨촨팡孫傳芳 92
쑨커孫科 73, 111, 115, 117, 118
쑹메이링宋美齡 84, 114
쑹자오런宋敎仁 27
쑹저위안宋哲元 100
쑹쯔원宋子文 73

쓰투더司徒德 182

ㅇ

『아사히신문朝日新聞』 143
아세아여관 148
아시아민족반공연맹APACL 236
아오키 노부즈미靑木宣純 16
아이젠하워Dwight Eisenhower 231
아주문화협회亞洲文化協會 136
아키야마 사다스케秋山定輔 84
안공근 139, 141
안남安南 60
안내양외安內攘外 30
안복파安福派 39
안중근 194
안창호 139
야오예청姚冶誠 42
약법기초위원회 104
양광兩廣통일위원회 65
양호서원兩湖書院 72
엄항섭 139, 189
연아용공聯俄容共(제1차 국공합작) 54
영국 외무차관 카도간Alexander Cadogan 172
영풍함永豊艦 47
예젠잉葉劍英 87
예팅葉挺 82
옌시산閻錫山 82
옌자간嚴家淦 243
오광선 142
OSSOffice of Strategic Services 189

완바오산사건萬寶山事件 107, 127
왕덩원王登運 51
왕둥위안王東原 233
왕스제王世杰 200
왕양밍王陽明 33
왕자오밍汪兆銘 45, 59, 106, 111, 114, 120
왕정팅王正廷 38
왕차이위王采玉 8
왕충후이王寵惠 95
외무대신 25
요페Adolf A. Joffe 47
용진학당龍津學堂 12
우애공사友愛公司 42
우에다 겐키치植田謙吉 120, 131
우징헝吳敬恒 79, 113, 116
우창武昌 24
우톄청吳鐵城 103, 113, 155
우페이푸吳佩孚 49
원민월군총사령부援閩粤軍總司令部 37
웨이다오밍魏道明 187
웨페이岳飛 112
위안스카이袁世凱 11
위유런于右任 88
위훙쥔俞鴻鈞 194
윌슨Woodrow Wilson 38
유악한국혁명청년회留鄂韓國革命青年會 72
육군군관학교 54, 62
육군대신 25
육군부 15
윤봉길尹奉吉 131
윤봉길의거 133, 139
이누카이 쓰요시犬養毅 84

이범석 142
이승만李承晩 32
이와자와 고로이치鹽澤幸一 117
이운한 148
이청천 142
1·28사변 118, 132
임병직 202
임시약법臨時約法 35
임시의정원 163

ㅈ

자링빈관嘉陵賓館 160
자오헝티趙恒惕 46
장광나이蔣光鼐 119
장궈전張國楨 43
장런제張人傑 36
장빙린章炳麟 27
장쉐량張學良 92, 102, 103
장쓰첸蔣斯千 8
장웨이궈蔣緯國 42
장자오충蔣肇聰 8
장즈중張治中 148
장지張繼 51
장징궈蔣經國 20, 243
장쭝샹章宗祥 39
장쭤린張作霖 65
장췬張群 17
장타이레이張太雷 51
장팅푸蔣廷黻 225
장파쿠이張發奎 87
장헌근 139

전금학당箭金學堂 12
정루청鄭汝成 33
정리당무안整理黨務案 67
정일권 241
조선민족전선연맹 150
조선의용대 159
조선혁명간부학교 136
조소앙 164
주거량諸葛亮 112
주사오저우祝紹周 189
주사오캉竺紹康 11
주자화朱家驊 150
주즈신朱執信 41
주페이더朱培德 73
주화대표단 189
중국청년군인연합회中國靑年軍人聯合會 60, 62
중국혁명동맹회中國革命同盟會 18
중동철도中東鐵道 101
중산대학中山大學 73
중산함사건 64
중앙군사정치학교 62, 72
중앙당무학교 81
중원대전 102
중일신약中日新約 39
중일환문中日換文 39
중한문화협회 182
「중한우호조약」 241
중한협회中韓協會 46
중화민국군정부中華民國軍政府 35
중화혁명당中華革命黨 31
쥐정居正 34
지난참안濟南慘案(5·3참안) 90

직봉연합군 66
진갑수 72
진공목 72
진무학교振武學校 16
쩌우루鄒魯 59
쩡궈판曾國藩 33

ㅊ

차오루린曹汝霖 39
차이궁스蔡公時 90
차이위안페이蔡元培 27, 79
차이팅제蔡廷鍇 119
처칠Winston Churchill 168
천궁보陳公博 74
천궈푸陳果夫 33, 140, 141
천두슈陳獨秀 66
천리푸陳立夫 194
천밍수陳銘樞 113
천유런陳友仁 118
천장절天長節 131
천중밍陳炯明 37
천즈마이陳之邁 201
천청陳誠 60
천치메이陳其美 14
청방靑幇 25
청비광程璧光 36
청화학교淸華學校 13
최용덕 217
추푸청褚輔成 25
치스잉齊世英 133
치우진秋瑾 27

치체린Georgii V. Chicherin 52
7당통일회의 151
「7·4남북공동성명」 244

ㅋ

카메네프Lev Kamenev 52
카이로회담 167
캉쩌康澤 136
켈로그Frank B. Kellogg 96
코민테른Comintern 51
쿠라모토 히데야키藏本英明 143
쿵샹시孔祥熙 182
키리노Elpidio Quirino 207
키산카Kissanka 66

ㅌ

타오청장陶成章 27
탄옌카이譚延闓 64, 105
탄전覃振 117
탕사오이唐紹儀 106
탕산사건 105, 106
탕산훈련반湯山訓練班 136
탕성즈唐生智 70
탕종唐縱 243
태평양공약연맹Union of Asiatic or Pacific Countries 215
텅제滕傑 133
토야마 미쓰루頭山滿 84
토원군討袁軍 31
통국육군속성학당通國陸軍速成學堂 14

트루먼 223

ㅍ

팡딩잉方鼎英 72
펑위샹馮玉祥 82, 120
페트로브스키Nikolai Petrovsky 53
푸이溥儀 111
피치Dr. Fitch 139

ㅎ

하야시 곤스케林權助 93
한교선무단 198
한국광복군 133
한국광복운동단체연합회 150
한국청년전지공작대 161
해리먼W. Averell Harriman 172
허룽賀龍 82
허스리何世禮 227
허잉친何應欽 83, 113, 114, 153
헐리Patric J. Hurley 169
혁명청년연합회 63
현익철 148
호당구국군 총사령 99
호당구국운동護黨救國運動 79
호법운동護法運動 35
홉킨스Harry Hopkins 171
화흥회華興會 27
확대회의 103
황사오메이黃紹美 133
황사오훙黃紹竑 87

황싱黃興 27
황푸군관학교黃埔軍官學校 11, 54, 66, 72
황화강기의黃花崗起義 23
후린이胡林翼 33
후쿠시마 야스마사福島安正 16
후한민胡漢民 42, 114
「훈정시기약법訓政時期約法」 94, 105
훙커우虹口공원 131
훙중회興中會 27
히로타廣田 142
힌체Paul Von Hintze 36

대한민국임시정부의 후원자 장제스

1판 1쇄 인쇄 2019년 12월 10일
1판 1쇄 발행 2019년 12월 16일

글쓴이　　김영신
기　획　　독립기념관 한국독립운동사연구소
펴낸이　　이준식
펴낸곳　　역사공간
　　　　　주소: 03996 서울특별시 마포구 월드컵로100 한산빌딩 4층
　　　　　전화: 02-725-8806
　　　　　팩스: 02-725-8801
　　　　　E-mail: jhs8807@hanmail.net
　　　　　등록: 2003년 7월 22일 제6-510호

ISBN 979-11-5707-209-5 03900

- 잘못된 책은 바꿔 드립니다.
- 이 도서의 국립중앙도서관 출판예정도서목록(CIP)은 서지정보유통지원시스템 홈페이지(http://seoji.nl.go.kr)와 국가자료종합목록 구축시스템(http://kolis-net.nl.go.kr)에서 이용하실 수 있습니다. (CIP제어번호 : CIP2019050551)

역사공간이 펴내는 '한국의 독립운동가들'

독립기념관은 독립운동사 대중화를 위해 향후 10년간 100명의 독립운동가를 선정하여,
그들의 삶과 자취를 조명하는 열전을 기획하고 있다.

001 근대화의 선각자 - 최광옥의 삶과 위대한 유산
002 대한제국군에서 한국광복군까지 - 황학수의 독립운동
003 대륙에 남긴 꿈 - 김원봉의 항일역정과 삶
004 중도의 길을 걸은 신민족주의자 - 안재홍의 생각과 삶
005 서간도 독립군의 개척자 - 이상룡의 독립정신
006 고종 황제의 마지막 특사 - 이준의 구국운동
007 민중과 함께 한 조선의 간디 - 조만식의 민족운동
008 봉오동·청산리 전투의 영웅 - 홍범도의 독립전쟁
009 유림 의병의 선도자 - 유인석
010 시베리아 한인민족운동의 대부 - 최재형
011 기독교 민족운동의 영원한 지도자 - 이승훈
012 자유를 위해 투쟁한 아나키스트 - 이회영
013 간도 민족독립운동의 지도자 - 김약연
014 대한민국 임시정부의 민족혁명가 - 윤기섭
015 서북을 호령한 여성독립운동가 - 조신성
016 독립운동 자금의 젖줄 - 안희제
017 3·1운동의 얼 - 유관순
018 대한민국임시정부의 안살림꾼 - 정정화
019 노구를 민족제단에 바친 의열투쟁가 - 강우규
020 미 대륙의 항일무장투쟁론자 - 박용만
021 영원한 대한민국임시정부의 요인 - 김철
022 혁신유림계의 독립운동을 주도한 선각자 - 김창숙
023 시대를 앞서간 민족혁명의 선각자 - 신규식
024 대한민국을 세운 독립운동가 - 이승만
025 한국광복군 총사령 - 지청천

026 독립협회를 창설한 개화·개혁의 선구자 - 서재필
027 만주 항일무장투쟁의 신화 - 김좌진
028 일왕을 겨눈 독립투사 - 이봉창
029 만주지역 통합운동의 주역 - 김동삼
030 소년운동을 민족운동으로 승화시킨 - 방정환
031 의열투쟁의 선구자 - 전명운
032 대종교와 대한민국임시정부 - 조완구
033 재미한인 독립운동의 표상 - 김호
034 천도교에서 민족지도자의 길을 간 - 손병희
035 계몽운동에서 무장투쟁까지의 선도자 - 양기탁
036 무궁화 사랑으로 삼천리를 수놓은 - 남궁억
037 대한 선비의 표상 - 최익현
038 희고 흰 저 천 길 물 속에 - 김도현
039 불멸의 민족혼 되살려 낸 역사가 - 박은식
040 독립과 민족해방의 철학사상가 - 김중건
041 실천적인 민족주의 역사가 - 장도빈
042 잊혀진 미주 한인사회의 대들보 - 이대위
043 독립군을 기르고 광복군을 조직한 군사전문가 - 조성환
044 우리말·우리역사 보급의 거목 - 이윤재
045 의열단·민족혁명당·조선의용대의 영혼 - 윤세주
046 한국의 독립운동을 도운 영국 언론인 - 배설
047 자유의 불꽃을 목숨으로 피운 - 윤봉길
048 한국 항일여성운동계의 대모 - 김마리아
049 극일에서 분단을 넘은 박애주의자 - 박열
050 영원한 자유인을 추구한 민족해방운동가 - 신채호

051 독립전쟁론의 선구자 광복회 총사령 - 박상진
052 민족의 독립과 통합에 바친 삶 - 김규식
053 '조선심'을 주창한 민족사학자 - 문일평
054 겨레의 시민사회운동가 - 이상재
055 한글에 빛을 밝힌 어문민족주의자 - 주시경
056 대한제국의 마지막 숨결 - 민영환
057 좌우의 벽을 뛰어넘은 독립운동가 - 신익희
058 임시정부와 흥사단을 이끈 독립운동계의 재상 - 차리석
059 대한민국임시정부의 초대 국무총리 - 이동휘
060 청렴결백한 대한민국 임시정부의 지킴이 - 이시영
061 자유독립을 위한 밀알 - 신석구
062 전인적인 독립운동가 - 한용운
063 만주 지역 민족통합을 이끈 지도자 - 정이형
064 민족과 국가를 위해 살다 간 지도자 - 김구
065 대한민국임시정부의 이론가 - 조소앙
066 타이완 항일 의열투쟁의 선봉 - 조명하
067 대륙에 용맹을 떨친 명장 - 김홍일
068 의열투쟁에 헌신한 독립운동가 - 나창헌
069 한국인보다 한국을 더 사랑한 미국인 - 헐버트
070 3·1운동과 임시정부 수립의 숨은 주역 - 현순
071 대한독립을 위해 하늘을 날았던 한국 최초의 여류비행사 - 권기옥
072 대한민국임시정부의 정신적 지주 - 이동녕
073 독립의군부의 지도자 - 임병찬
074 만주 무장투쟁의 맹장 - 김승학
075 독립전쟁에 일생을 바친 군인 - 김학규

076 시대를 뛰어넘은 평민 의병장 - 신돌석
077 남만주 최후의 독립군 사령관 - 양세봉
078 신대한 건설의 비전, 무실역행의 독립운동가 - 송종익
079 한국 독립운동의 혁명 영수 - 안창호
080 광야에 선 민족시인 - 이육사
081 살신성인의 길을 간 의열투쟁가 - 김지섭
082 새로운 하나된 한국을 꿈꾼 - 유일한
083 투탄과 자결, 의열투쟁의 화신 - 나석주
084 의열투쟁의 이론을 정립하고 실천한 - 류자명
085 신학문과 독립운동의 선구자 - 이상설
086 민중에게 다가간 독립운동가 - 이종일
087 의병전쟁의 선봉장 - 이강년
088 독립과 통일 의지로 일관한 신뢰의 지도자 - 여운형
089 항일변호사의 선봉 - 김병로
090 세대·이념·종교를 아우른 민중의 지도자 - 권동진
091 경술국치에 항거한 순국지사 - 황현
092 통일국가 수립을 위해 분투한 독립운동가 - 김순애
093 불법으로 나라를 구하고자 한 불교인 - 김법린
094 독립공군 육성에 헌신한 대한민국임시정부 군무 총장 - 노백린
095 불교계 독립운동의 지도자 - 백용성
096 재미한인 독립운동을 이끈 항일 언론인 - 백일규
097 재중국 한국인 아나키스트운동의 실천적 지도자 - 류기석
098 대한민국임시정부의 후원자 - 장제스